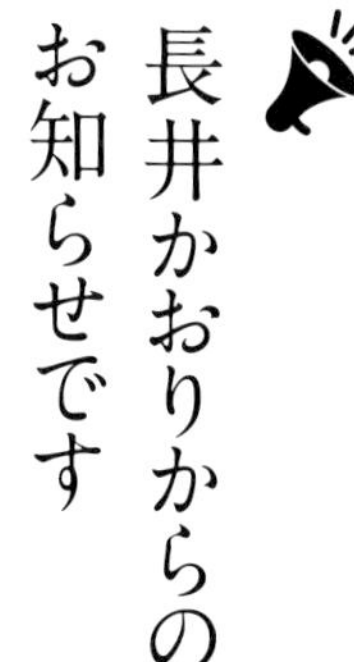

その

メイクの常識、

ちょっと前に変わってます!

ヘア＆メイクアップ
アーティスト
長井かおり

prologue

（はじめに）

これまでのメイクの常識、訂正させてください！

ここ数年で、メイクテクもコスメも著しく変化しました

皆さんこんにちは、ヘア&メイクアップアーティストの長井かおりです。

突然ですが、私、長井かおりからお詫びと訂正がございます。これまで「これが常識」「鉄則ですよ！」とお伝えしてきたメイクテクニックやコスメの選び方の基準、ちょっと前に変わっているんです!!

その事実に気付いたきっかけは、マスク生活。実はメイクテクニック、コスメにおいても、ひとつの大きなターニングポイントだったと思います。当たり前であったことが当たり前ではなくなる。そんな新しい日常の中で、あれこれ全部変えるのではなく、たった1ヵ所、テクニックを更新するだけで今っぽく美しく仕上がるメイクのコツをご紹介するべくスタートしたのがWebメディア『mi-mollet（ミモレ）』での連載です。

変化を目で見て納得してテクニックを更新してほしい

この本は、2年にわたって毎週更新してきた『ミモレ』の連載記事を、新しい切り口で、よりわかりやすく、

変えたほうが素敵！と目で見て納得してほしい

重要ポイントごと、メイクカテゴリごと、お悩みごとにまとめたもの。主なテクニックをBefore／Afterの写真でお見せしているのですが、それには理由があります。私もそうなのですが、大人になると、「今のトレンドはこうなんです！」「こうすると素敵です！」と、頭ごなしに言われても、「そうなんだ〜」とは思うものの結局やらず終い。でも、自分の目で見て、「確かにそうかも」と納得できたら、素直にやってみよう、見直そう……なんて思いませんか？　テクニックを更新していただきたい1ヵ所以外は、すべて条件を揃えた写真（素敵さも大切にしているので、ポーズや表情が違うじゃん！というツッコミはご容赦を）で比較しながらポイントを解説しています。メイクの違い自体は微差かもしれませんが、「自分の普段のメイク、こんな感じかも！」「ずっとこんなふうにメイクしていた」「このテクはすでに取り入れていたワ」……なんて、ご自身のことと照らして答え合わせ感覚で、見比べながら楽しく読んでいただけたら嬉しいです。

テクニックを更新すると自分メイクに新たな可能性が！

さて、この本のメインテーマは『こ

prologue

（はじめに）

これまで当たり前だと思われてきたメイクの常識が、実はちょっと前に変わっていた』ということ。そして新しいメイクの常識へとひとつずつテクニックを更新することの積み重ねによって、〝自分メイクの限界が超えられる〟、そんなヒントが詰まった1冊になっています。

これまで自分なりにメイクを研究して色々試して、それなりにテクニックもあるはず。だからもちろん、今のままでも十分に素敵です！　でも、それゆえに、「これ以上どうしたらいいのかわからない」「自分のメイク、本当にこれでいいのかな？」というモヤモヤをもし感じていらっしゃるなら、ぜひこの本を役立てていただきたいのです！　テクニック的にも年齢的にもマインド的にも「まあ、こんなものかな」と自分メイクに限界を感じている方に向けて、「まだまだ、もっとメイクでいけるよ！」なんて、背中を押せる内容になったと自負しています。

「自分ってこんな感じよね」その思い込み、メイクで超えられます

そのままでも十分キレイ！
だけど、まだその先があります

レイナさん（30代）

顔立ちなどのポテンシャル、自分にできるメイクのテクニック、年齢、「自分はこうだ」「私にはこれが似合う／似合わない」という思い込み……それが自分メイクに限界を定めています。マラソンでたとえるとわかりやすいかもしれません。「自分のタイムはだいたいこのくらいで、年齢も重ねていくから、悪くなることはあっても良くなることはなかなか難しいだろうな」という感じ。メイクも同じで、酸いも甘いも色々経験してきたからこその頭打ち感。でもその先が、必ずあります。「まあいっか」のその先へ、長井かおりがご案内いたします！

prologue

（はじめに）

ぜひ私たちプロだからこそ知るメイクのコツを取り入れてみてくださいい！ いつも通り、これまで通りのセオリーに従ったメイクで、「まあいっか」と思っているあなたへ。

何度でも言います。「そのメイクの常識、ちょっと前に変わってます！」

ひとつだけでも変われるし、複数組み合わせるのも素敵です！

1ヵ所だけ変えれば見違えるメイクテクニックを、この本ではとにかくたくさん紹介しています。気になったものをひとつ取り入れるだけでももちろんいいですし、自分が古いメイクをしていたと気付いたり、Before→Afterの変化を見て「わあ、すごい！」と感じてくださったテクニックがもしあれば、それもぜひ！ 気になったテクニックはいくつ取り入れてもOK。これまでの当たり前に囚われていた自分メイクの限界、一緒に突破しましょうね！

「まあいっか」のその先へ、
私が必ずお連れします！”

CONTENTS

Chapter 2 これが令和のメイクセオリー

CONTENTS

Chapter 3　そのお悩み、ワンテクで解決します。

Chapter 1

Eye Make-up Technique

Eyebrow
&
Eyeshadow

1ヵ所
変えるなら
目元です!!

たった1ヵ所メイクを変えるだけで
パッと変化がわかりやすいのは
やはり眉とアイシャドウの"目元"メイク。
「メイクにしっくりきていないけれど
何から手をつけたらいいの……?」という方、
とりあえず、目元から始めてみましょう!

眉

眉の表現がかつてなく
自由な今こそ！

素眉の濃い・薄いよりも メイク後の眉を基準に 好きな眉メイクを選ぼう

「どうやったら眉を上手に描ける？」「とにかく眉が苦手、難しい」……ＳＮＳなどでも本当によく眉についてのご相談を受けます。生え方や濃さ、薄さ、左右非対称などなど、顔の中でもこ〜んなに狭くて小さなパーツなのに、皆さんを大いに悩ませる眉。だから私も眉について日夜研究を続けてきたつもりです。そして気づいたのが、「もしかしたら皆さん、眉の素の状態を気にしすぎているのかも!?」ということ。「元の眉が濃いから」「眉が薄いからこうしないと」という思い込みが眉メイクを難しくしている気がします。濃いなら薄くすればいいし、薄いなら描き足せばいい。そのコツを知っていてメイク後の眉がいい感じであれば、元の眉は極論、どうだっていいのです。では、あなたの今の眉メイクの仕上がりは、どうでしょうか？

たぶん、今まで通りの眉でも、変ではないし、こ

【長井かおりの過去写真で振り返る眉メイクの歴史】

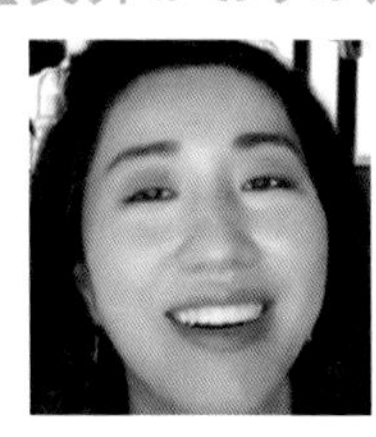

カラー眉期 ← 平行太眉期 ← ギャル期

ギャル期
眉を抜きまくって限界まで細くし、角度も急なアーチ眉。若さもありますが、印象、全然違いますよね（笑）。

平行太眉期
細眉の反動か、眉山を作らず平行かつ太くて濃い眉が流行し、長井も眉の育毛を開始。でも眉の主張が強い！

カラー眉期
マスク生活を機に、眉色をピンク、パープルなどカラフルに。眉＝茶色一択から一気に眉の自由度がアップ。

のままでも差し支えはないのです。でもそれをちょっと変えると、圧倒的に素敵になれるし、メイクの頭打ち感を突破する最善手にもなります。これからご紹介するのは、眉下ではなく〝眉上〟に描き足す、眉マスカラを〝最初〟に使う……など、きっと「これまで自分がしてきた眉メイクの方法と違う！」ものばかり。ですが、セオリー通りのつもりだった、そのセオリーがもう変わってきているのです。

私がこれまで考案してきた眉メイク6種を勢揃いさせましたが、「そんなにあると、どの描き方にしたらいいのか迷う」という方は、ぜひ次のページの眉のうち、今のご自身の眉メイクの仕上がりに近いものを見つけてみてください。大切なのは素眉がどうか（濃い、薄い、欠けている、左右非対称など）ではなく、描き終えた後の眉。それを基準にすると、取り入れるべき眉の描き方が見えてくるはずです！

（上手く描けない、苦手……）

そんなあなたの眉はどれ？

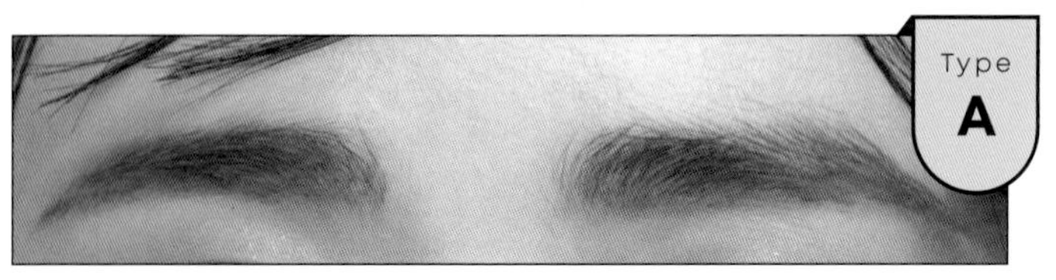

目元がぎゅぎゅっ！　下に描いた眉

彫りが深く見えるよう、「眉下中心に描き足して目と眉の距離を近づけている」「眉上は抜いている」という方、目元が詰まりすぎかも !?

← Go! P018

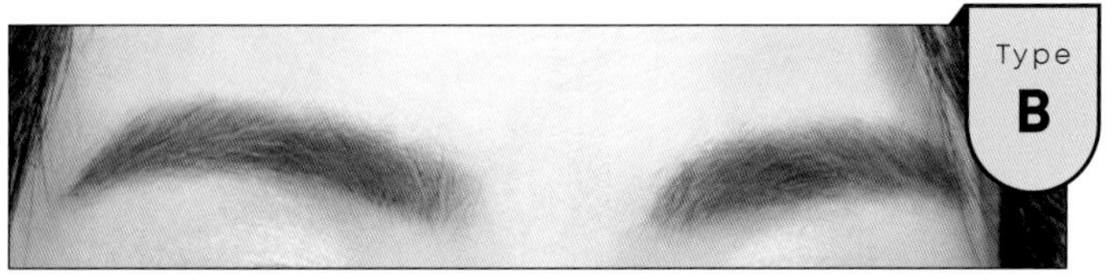

明るいけどぼってり……抜け感のない眉

「ペンシルやパウダーで描いた総仕上げに眉マスカラを塗る」という方、抜け感を出したり、毛流れを活かす目的だとしたら、それ、逆効果かも !?

← Go! P022

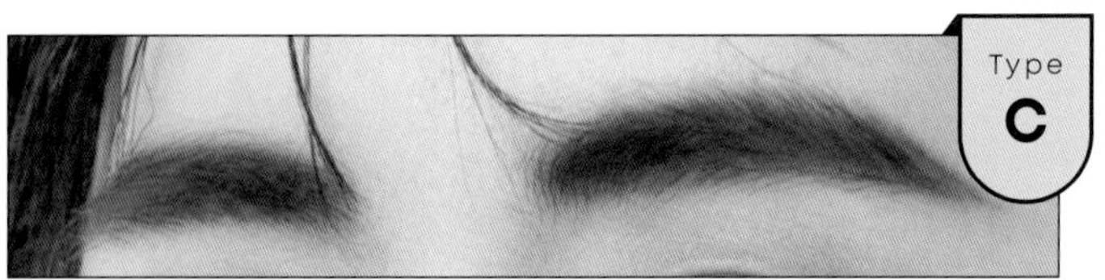

悪目立ち!?　べったりカラー眉

軽やかにしゃれ感が出せるカラー眉ですが、高発色であるがゆえにべったり濃くなりすぎているかも。「眉の主張が強い」と感じたら要注意！

← Go! P026

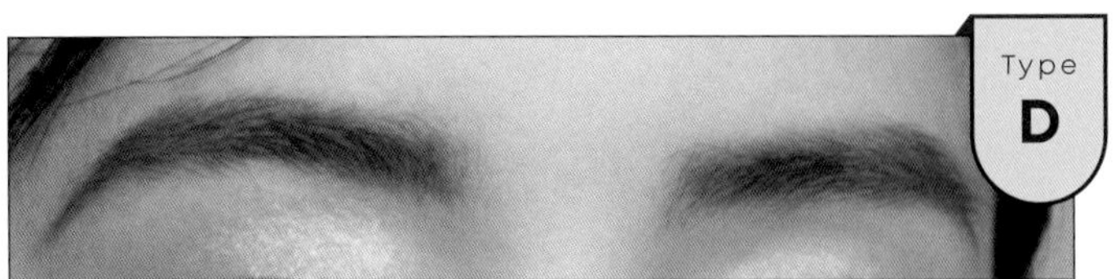

生えぐせ通りだけど……なりゆき下がり眉

「毛流れに沿って描いているはずなのに、眉尻が下がりすぎる」と感じる方、眉尻の急降下を防ぎ、なだらかに描く方法、あります！

Go! P030

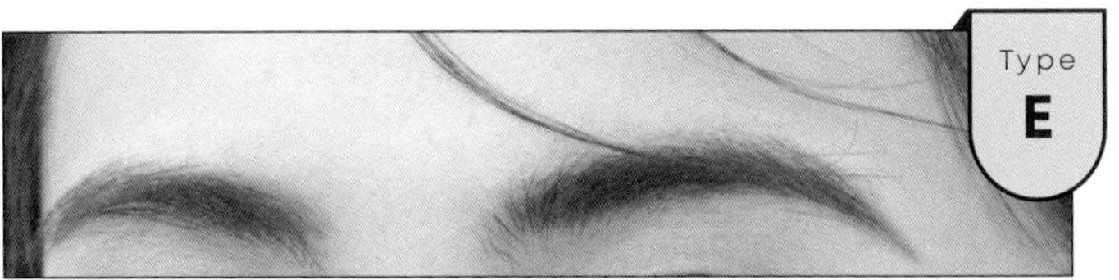

キリッとややキツく見える長め眉

「眉頭の間隔が狭い」という方や、「元々の眉の角度が急」という方は、眉によって少しキツそうな印象に見られている場合が！

Go! P034

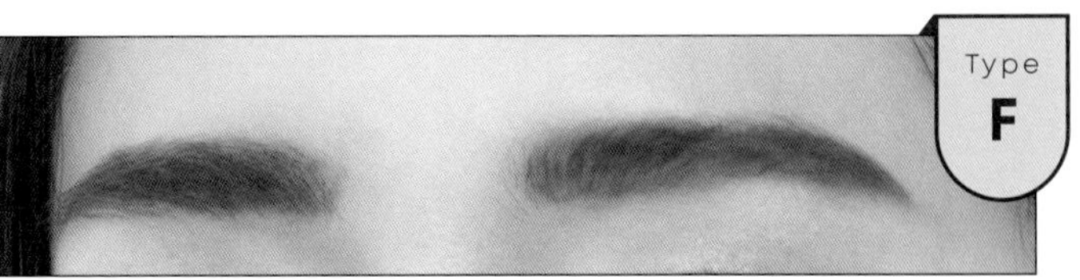

毛並み感のない、のっぺりブラウン眉

「元々の眉毛が少ない・細い」人が陥りがちなのっぺり眉。しっかり描いているのに……という方こそ、素眉を偽造することから始めましょう！

Go! P038

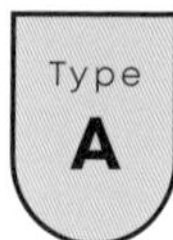

すっきり美人印象になれる

眉を下に描き足すと、目元が窮屈（きゅうくつ）に

Before

眉下に描き足し、目と眉の間を狭めた低めの眉。目元だけがぎゅっと詰まって、顔の下半分が間延び。スペースのバランスを崩しているのがわかるでしょうか？

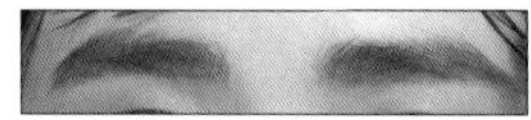

目元がぎゅぎゅっ！
下に描いた眉の人は

眉の“上”を描き足すと

眉を上に描き足すと、目元すっきり！

After

こちらは眉の上を意識して描いた高めの眉。まぶたがすっきり見え、抜け感があるとともに、目元と顔の下半分とのバランスが整い、あか抜けて見えます！

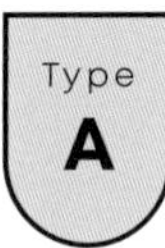

目元の詰まりが解消されると
顔全体のバランスが整って見える

眉下に描き足した彫り深風の眉

眉上に描き足した抜け感のある眉

〝眉下に描く〟常識を変えたら顔全体がぐっとあか抜けた！

「目と眉の間隔を狭めると、彫りが深く見え、目ヂカラが増す」というのが常識で、今まで私たちは眉下に描き足してきました。でも顔全体で見た時に疑問符が。きっかけはマスク。マスクを外した全顔の印象にギャップを感じること、ありませんか？ それは、眉を下に描きすぎているから。**目と眉がぎゅっと詰まっている分、マスクで隠れていた顔の下半分が想像よりも間延びして見える**のです。目元と顔の下半分のバランスの崩れは、顔を大きく見せる原因。だから、**これからは〝眉上〟に着目。ここを意識すると目元と顔の下半分とのバランスが整い、小顔印象に**つながります。

How to Make-up

“上に描く眉”の描き方

眉頭上、眉山上、眉山下をグレーペンで描き足す。

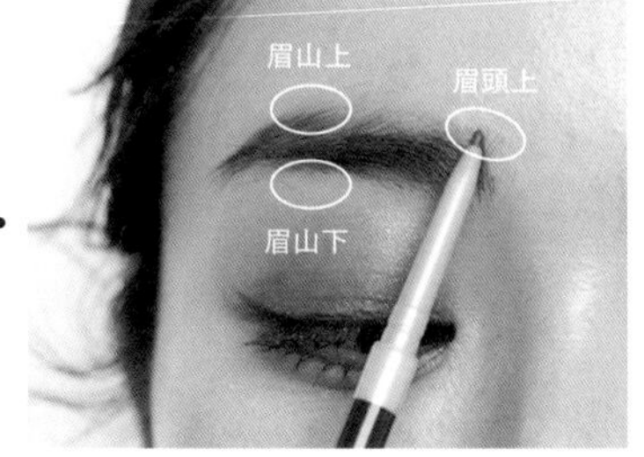

グレーの眉ペンシルで、眉頭の上、眉山の上、眉山の下にすっと短くラインを描き足す。

スクリューブラシで上向きにぼかす

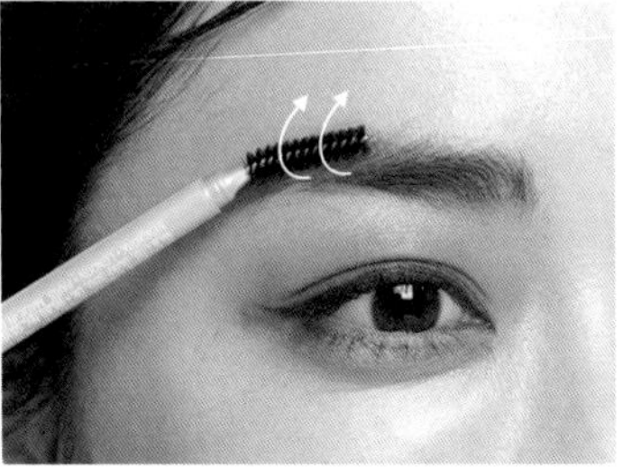

スクリューブラシを使い、グレーで描いた３ヵ所＋全体を上向きに軽く跳ね上げるようにぼかす。

ピンクブラウンの眉パウダーで地肌を染める

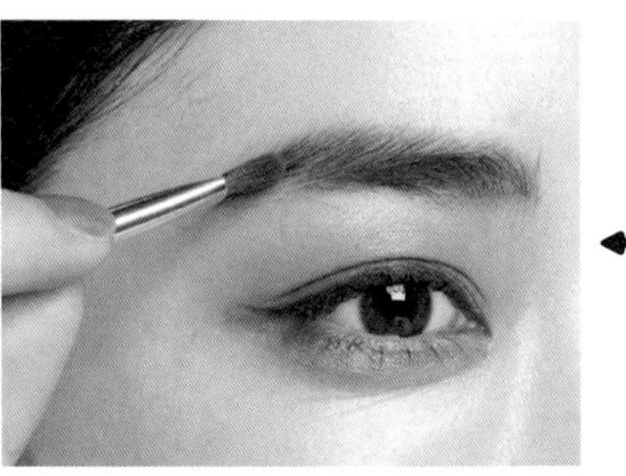

ピンクブラウンの眉パウダーを、ブラシで眉の根元にもつくように塗り、地肌を色づかせる。

おすすめアイテムはP042へ

Type B

存在感薄め眉で目元が際立つ

Before

ペンシルやパウダーで眉を描いた後、仕上げとしてベージュの眉マスカラを重ねた眉。色は明るくても、眉メイク自体は濃くぼってりして、眉の存在感が強め。

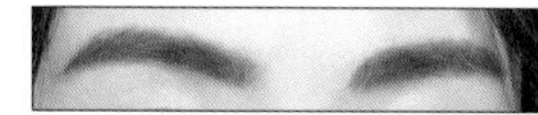

明るいけどぽってり……
抜け感のない眉の人は

"まず眉マスカラ"という新提案！

最初に眉マスカラなら、軽やか！

After

同じ眉マスカラを、眉メイクの最初に塗った仕上がり。うぶ毛のように柔らかな質感で、存在感薄めのグレージュ眉に。ポイントメイクも引き立ちます。

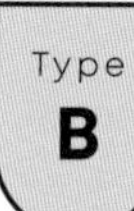

素眉の黒さがまろやかになると、メイクがぐっとあか抜ける！

眉メイクの〝最後〞に眉マスカラ

眉メイクの〝最初〞に眉マスカラ

ポイントメイクを盛りたいなら眉の存在感を薄めるといい

最近〝コンシーラーのような白みベージュの眉マスカラ〞が増えてきています。その使い方を考えたとき、**眉の存在感を薄め、うぶ毛のようにふんわり仕上げたいという今どきのニーズ**に気付きました。でも、ペンシルやパウダーで眉を描いた後、マスカラで仕上げる従来の使い方だと、むしろ眉自体は濃くなり主張が増します。そこで、**白みベージュの眉マスカラを最初に素眉に塗ってみると、眉毛一本一本の黒さが和らぎ、絶妙なグレージュの眉に！** 断然あか抜けて見えるんです。しかもポイントメイクが盛り放題。カラーメイクを楽しみたい今の気分にもぴったりです。

How to Make-up

存在感薄めのグレージュ眉の描き方

白みベージュの眉マスカラを眉毛の裏面に塗る

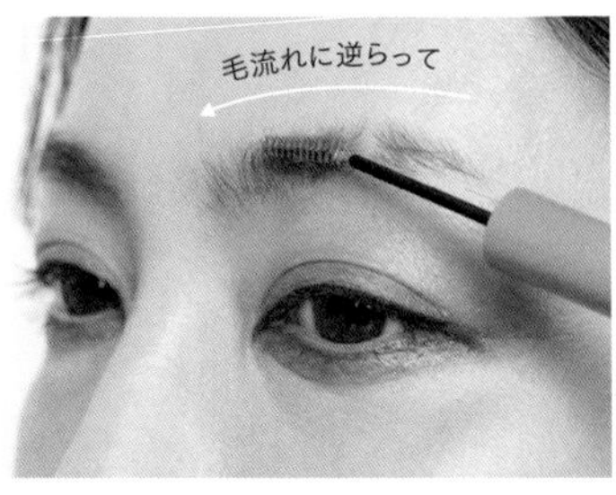

スクリューブラシで毛流れを整えてから、眉マスカラを眉尻から眉頭に向かって眉毛の裏面に塗る。

眉マスカラを毛流れに沿って塗る

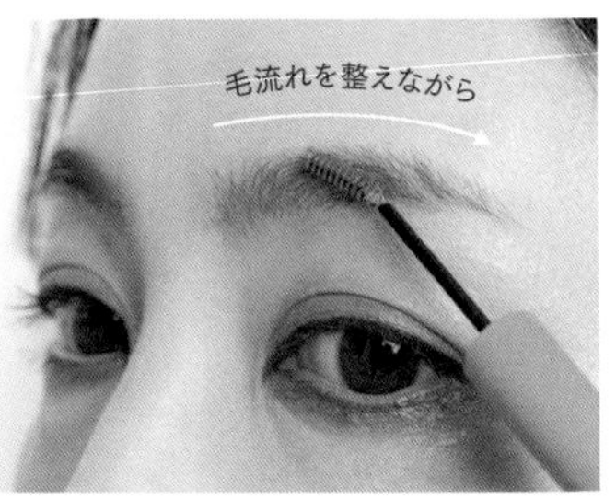

今度は眉頭から眉尻に向かって、眉の毛流れに沿って、眉毛の表面に眉マスカラを塗っていく。

足りない部分はグレージュの眉ペンシルで描き足す

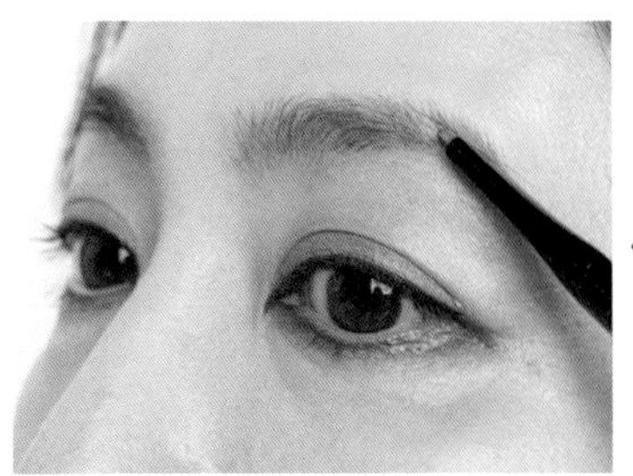

黒い素眉に白みベージュのマスカラを重ねた後の色（＝グレージュ）のペンシルで眉の隙間に毛を描き足す。

スクリューブラシで全体をなじませる

最後に再びスクリューブラシを。こすらず、小刻みに押し込むように、ささっとなじませて。

おすすめアイテムはP042へ

上品なカラーニュアンスが叶う

カラーの主張が強く、べたっと濃い眉に

Before

モーヴピンク入り眉パレットの全色を mix して眉全体を描いたカラー眉。しっかりモーヴみがありつつ、濃くくっきり描けますが、眉の立体感はなくなりがち。

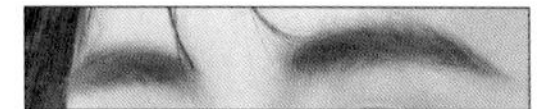

悪目立ち!?
べったりカラー眉の人は

カラー眉もマスカラ先行で!

軽やかでふんわり! ほんのりカラー感

After

白みベージュの眉マスカラでグレージュ眉に仕上げてから、ローズピンクのパウダーをオン。混ざり合うことで上品な大人のカラーニュアンス眉に!

Type C

素眉の黒さを抑えておくと カラー眉もふんわり自然に！

カラー眉パウダーで描いた眉

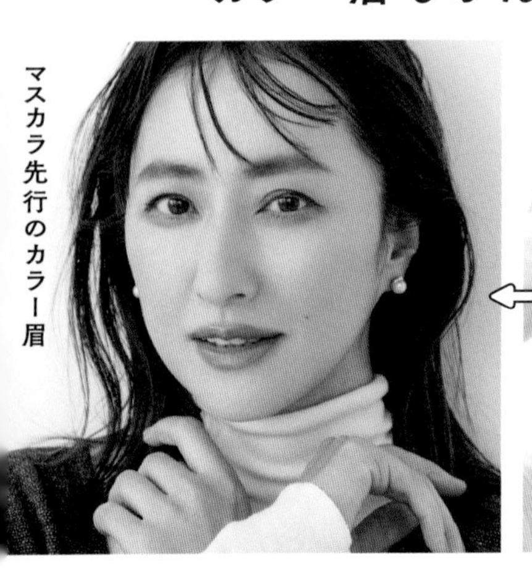

マスカラ先行のカラー眉

素眉の黒さを消してから透け血色カラーをまとわせて

マスク時代から定番化したカラー眉、しゃれ感が出て素敵ですよね。ただ、ピンクやモーヴの鮮やかな眉マスカラや眉パウダーを使うと、大人にはちょっと主張が強すぎるかも。そこで考案したのが、Type Bでご紹介した**白みベージュの眉マスカラを塗って仕上げた薄眉に、お手持ちのノンパールのチークやアイシャドウを重ねる**という方法。眉マスカラがついた眉の毛先にふわっと透け感のある血色カラーをまとわせると、絶妙なカラーニュアンス眉が楽しめます！　ここで眉パウダーを使うと、濃くなりすぎてせっかくの抜け感が損なわれるので要注意。

How to Make-up

カラーニュアンス眉の描き方

白みベージュの眉マスカラで眉の裏側を染める

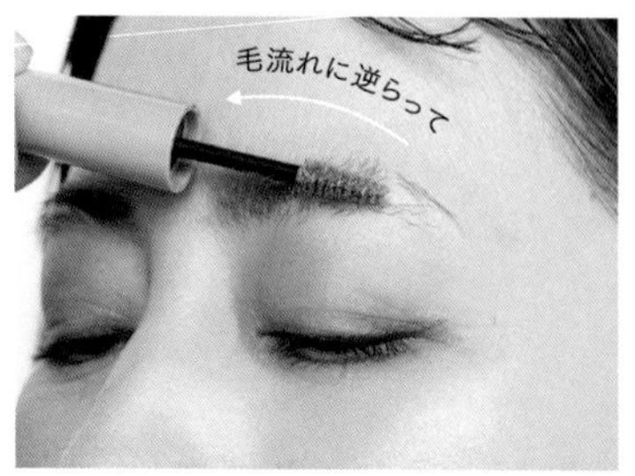

スクリューブラシで眉の毛流れを整えておく。眉マスカラを眉尻から眉頭へ動かし眉毛の裏面に塗る。

毛流れに沿って眉マスカラを塗る

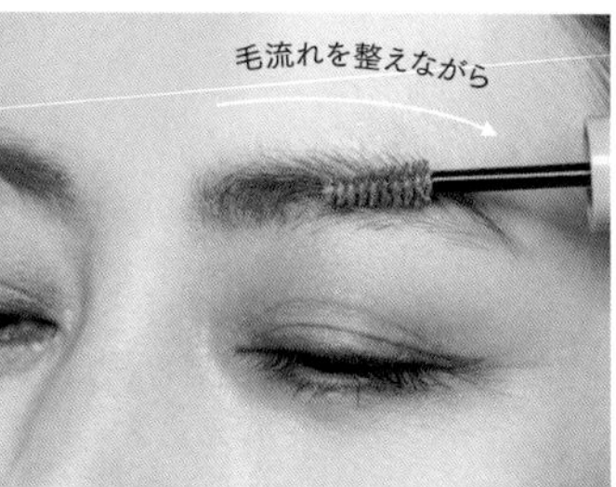

眉頭から眉尻に向かい、眉の毛流れに沿って眉マスカラを塗り、眉の表面をしっかり染める。

毛が足りない部分はグレージュのペンで描き足す

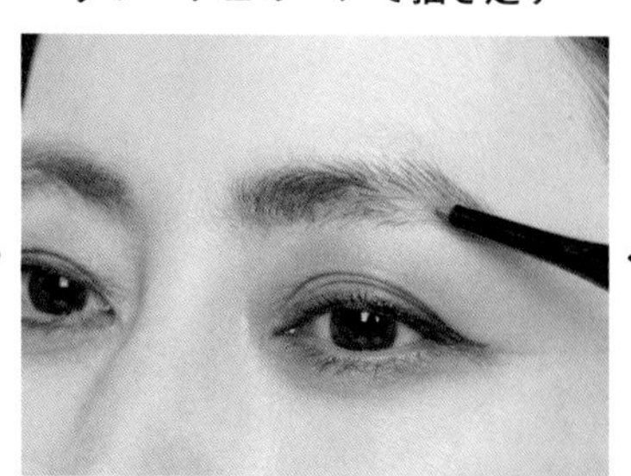

眉の隙間をグレージュの眉ペンシルで描き足し、スクリューブラシでなじませる。

チークやアイシャドウを毛先にふんわりかける

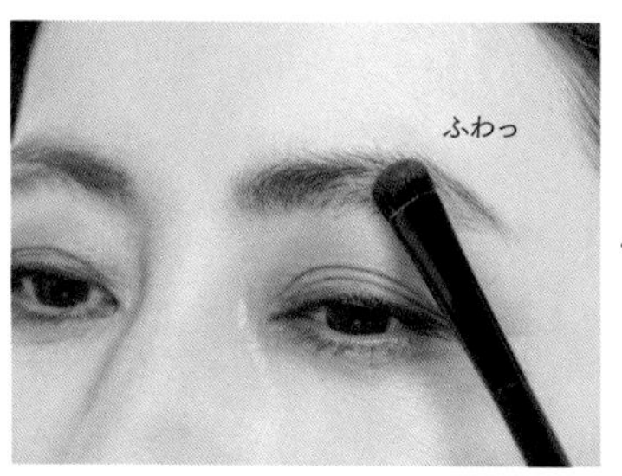

ノンパールのチークやアイシャドウを眉の表面、毛先にふんわりと絡ませる。

おすすめアイテムはP042へ

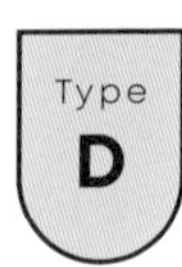

眉を優しげな平行眉に

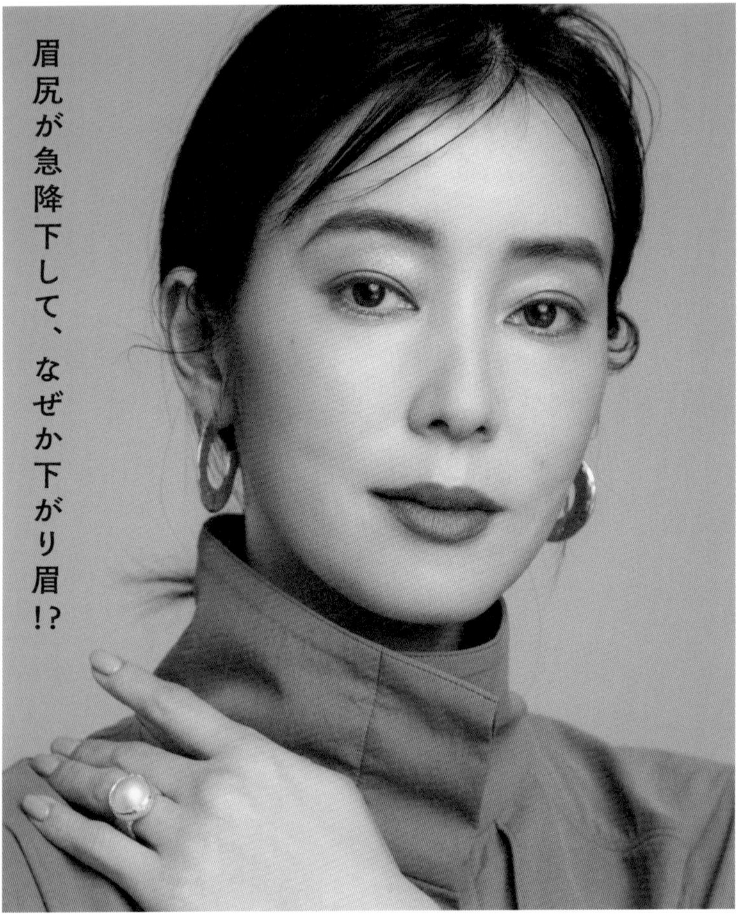

眉尻が急降下して、なぜか下がり眉!?

Before

「眉山にたどり着いたら、眉尻の先と結ぶように、毛流れに沿って描く」というのはセオリー通りですが、眉尻だけが急に下がったようになる方、案外多いです！

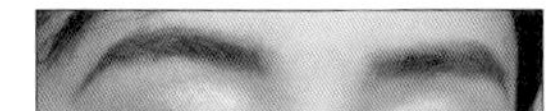

生えぐせ通りだけど……
なりゆき下がり眉の人は

眉山を横にスライド描き！ 下がり

なだらかで自然なアーチの平行眉に

After

眉山の位置を外側に少し平行スライドして描いた眉。すると、眉尻の“しっぽだけ下がった感”がなくなります。自然な平行眉風で目元も引き締まります。

眉山の位置を外側にずらせば“なりゆき下がり眉”は防げる！

毛流れ通りに描いた下がり眉

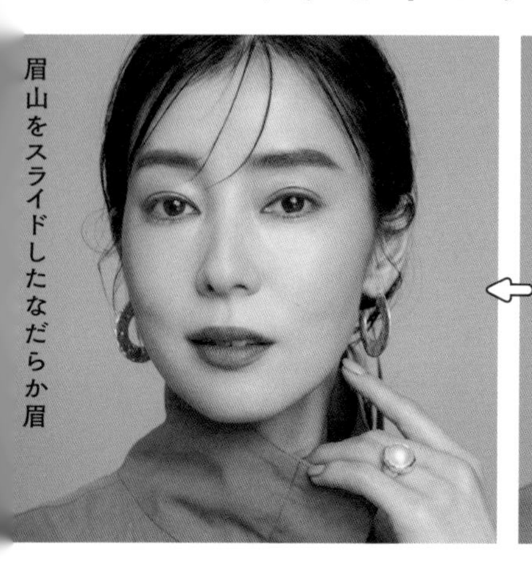

眉山をスライドしたなだらか眉

眉山から眉尻へ落ちる角度を自然に和らげて

セオリー通り「毛流れに沿って描いた」結果、もともとの眉骨の形とも相まって、「なぜか下がり眉になっている」と感じること、ありませんか？ **眉尻が下がると目元全体が下がって見える**ので、できれば大人は避けたいところ。そんな〝下がり眉尻〟を防ぐなら、**「眉山を外側に平行スライドして3本描き足す」**が正解。すると眉山から眉尻への角度が緩やかになり、しっぽだけ下がった感のない、なだらかな眉が描けます。つり上がり眉さんの、眉尻急下降をゆるやかにするのにも効果的。眉下のラインも整うので、目元も引き締まった印象になりますよ。

How to Make-up

平行スライド眉の描き方

眉山のすぐ横に グレーで線を描き足す

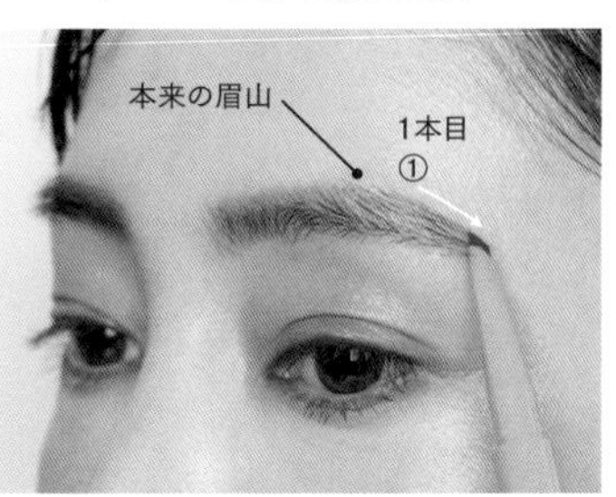

グレーの眉ペンシルで、眉山のすぐ隣に、本来の眉山から眉尻を結ぶ線と平行に１本線を描く。

さらにその横に 平行する線を引く

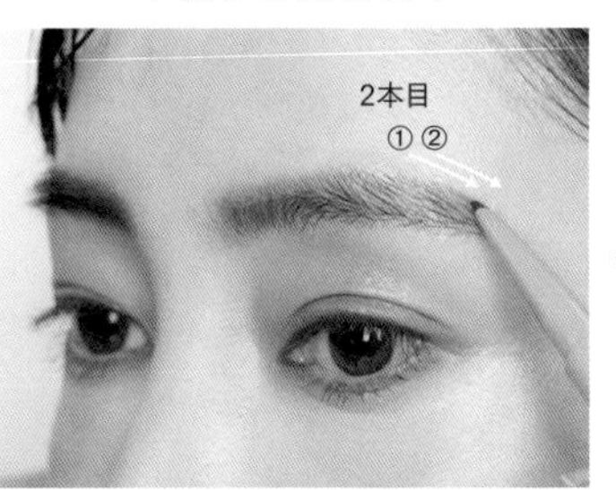

①で描いた線を、平行に外側にスライドさせた線を、先ほどのペンシルでもう１本描く。

２本の線の上端をつなぎながら ３本目のラインを引く

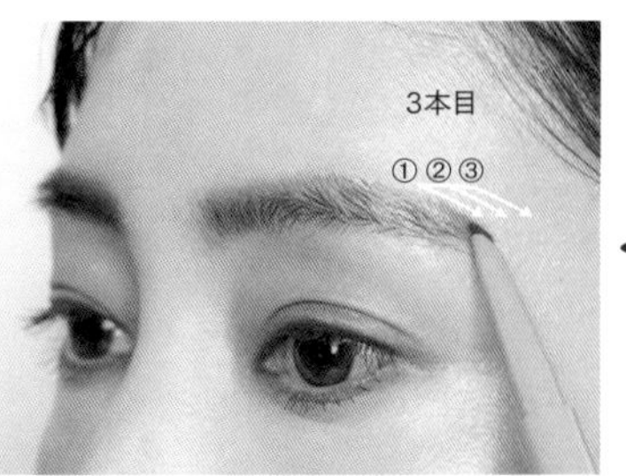

１本目と２本目の上端を自然につなぎながら、２本目のラインのすぐ横に３本目のラインを描く。

眉パウダーを地肌にのせて 隙間を埋める

スクリューブラシでなじませた後、ピンクブラウンの眉パウダーを３本線を描いた地肌に細チップで置く。

おすすめアイテムはP042へ

明るい印象の短め眉に

眉間狭めの長め眉は険しく見える場合も

Before

もともとの眉の長さを活かした「長め・細め・眉間狭め」の眉。エレガントで大人っぽい印象ですが、少しキツく見える場合も。

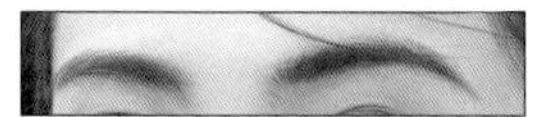

キリッとややキツく
見える長め眉の人は

眉頭をぼかしてすっきり

短め眉で眉間がぱっと広がると、優しい雰囲気に

After

眉頭をぼかして、やや太さを足した「短め・太め・眉間広め」の眉。眉間に抜け感が生まれ、すっきり明るい印象に。眉頭が自然に鼻筋へとつながり、立体感も！

Type
E

眉頭をコンシーラーでぼかして短く見せる！

眉間を広げた短めの眉

眉間の狭い長めの眉

眉頭の位置は目頭上か少し内側くらいがいい

長めの眉は大人っぽくエレガント。一方、短め眉は若々しく、ヘルシーな印象に見せられます。さて、「短め眉」というと、「眉尻を短めに描き終えたらいいんでしょ!?」と思う方が多いかもしれませんが、**眉尻を短くすると顔の余白が増えて顔が大きく見える恐れも**……。実は眉頭の始点は、目頭の一直線上か、目頭よりほんの少し内側くらいがちょうどいいんです。それよりも眉頭が寄っているという人は、**眉をいつも通り眉尻まで描いたら、最後に眉頭をコンシーラーでぼかせばOK。**眉が自然に短めにでき、かつ眉頭の「ここが眉のスタートです！」感も和らぎます。

How to Make-up

眉頭を消す“短め眉”の描き方

いつも通りの長さで やや太めに眉を描く

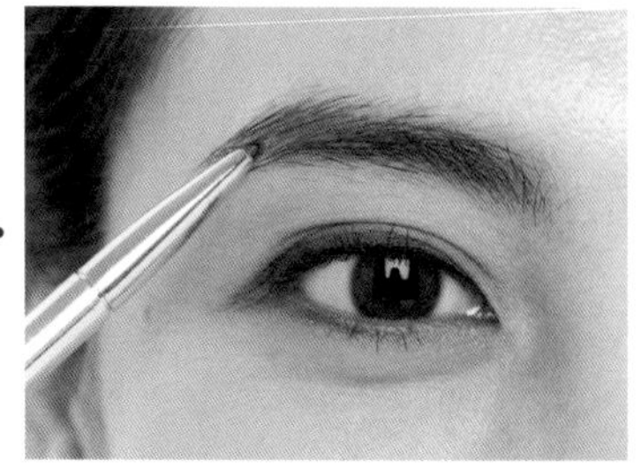

いつもと同じ長さで眉を描く。全体を少し太めに描くと、短め眉にする際、バランスが取りやすい。

2

アイシャドウブラシに、コンシーラーを取る

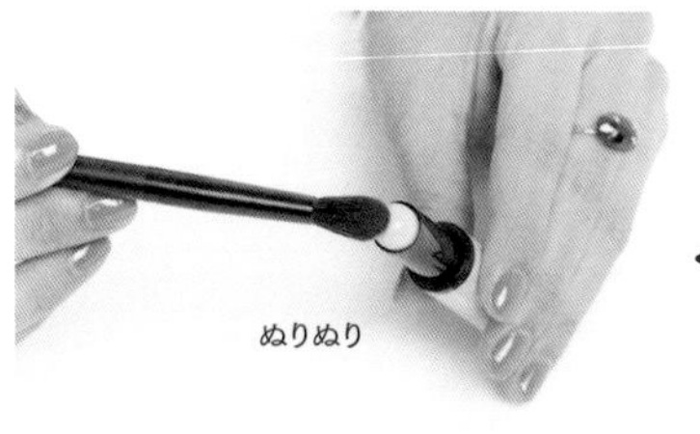

毛足の長いアイシャドウブラシを用意。ブラシの先にコンシーラーをまんべんなくつける。

眉頭をブラシで ほわほわ〜っとぼかす

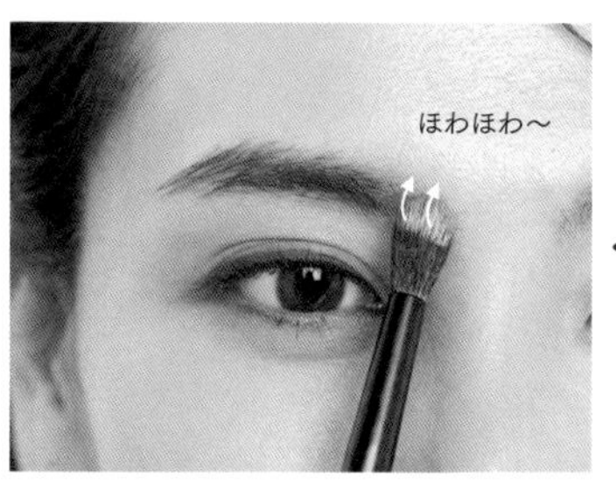

眉頭に、ブラシでコンシーラーをのせて、ほわほわ〜っと優しいタッチで眉頭の毛をぼかしていく。

おすすめアイテムはP042へ

Type F

立体的なグレー仕込み眉に

ペンシルとパウダーがなじんで一体化

Before

こげ茶の眉ペンシルとこげ茶のパウダーを使って描いた眉。眉が全体的に茶色くなじんで、フラットな印象に。元々毛のある部分とない部分の差もくっきり……。

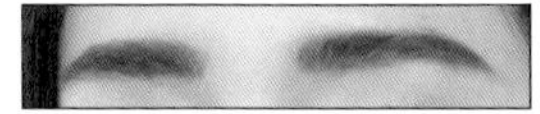

毛並み感のない、
のっぺりブラウン眉の人は

グレーで素眉を偽造！ふんわり

毛流れが見えて、ふんわり立体感！

After

グレーのペンシルで、眉の欠けている部分だけ描き足し、ピンクブラウンのパウダーを重ねた眉。適度に毛流れが感じられ、どこを描いたかわからないほど自然！

Type
F

素眉になりすますグレーが毛並み風の立体感を演出

グレーを仕込んだ立体感眉

こげ茶を重ねたのっぺり眉

グレーを使えば素眉が整っている風に描ける

「とりあえず眉はブラウンで描く」という方、要注意。素の眉の毛の色は黒いのに、描いた部分（茶色）と毛のある部分（黒）とで、差が目立ちます。さらにそこにブラウンパウダーを重ねると描いたラインとなじみ、のっぺりした眉に。だから、素眉の状態で、**素眉の色に近いグレーのペンシルを使い、眉が欠けているところだけ、短くて細い線を1本ずつ描き足す**のが正解！　すると、素の眉毛がきちんと生え揃っている風に。そこに明るめのピンクブラウンのパウダーを投入。**ピンクみでグレーをマイルドに中和し、毛流れを活かしながら、ちょうどいい眉色に**仕上がります。

How to Make-up

ふんわりグレー仕込み眉の描き方

グレーの眉ペンシルで足りない毛を描き足す

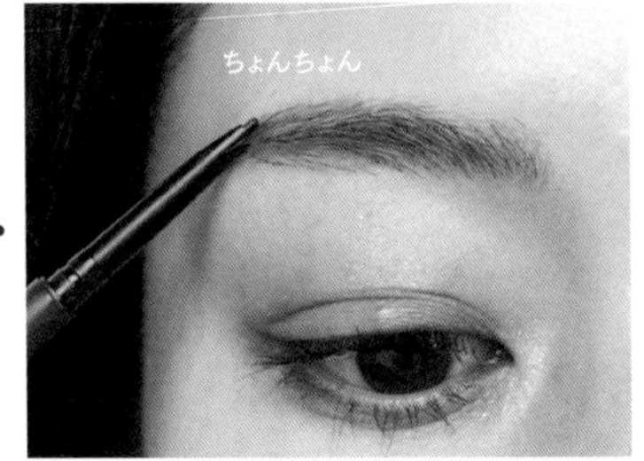

スクリューブラシで毛流れを整え、素眉の毛１本分くらい細く短い線を、足りない部分にだけ描き足す。

スクリューブラシでぼかしてなじませる

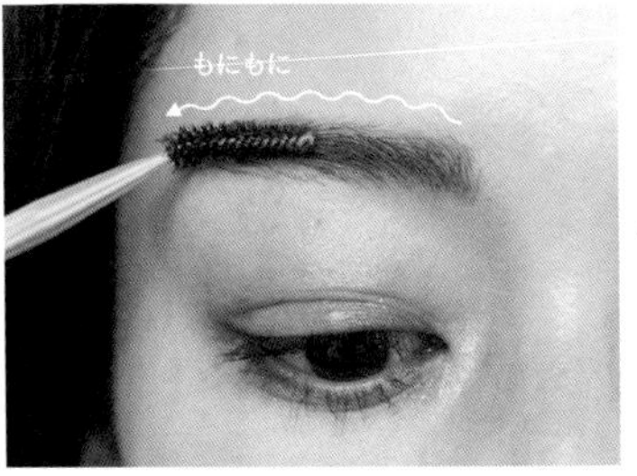

グレーで描いた線を、眉の毛流れに沿ってスクリューブラシでなじませて、素眉との一体感を高める。

明るめのピンクブラウンの眉パウダーを根元につける

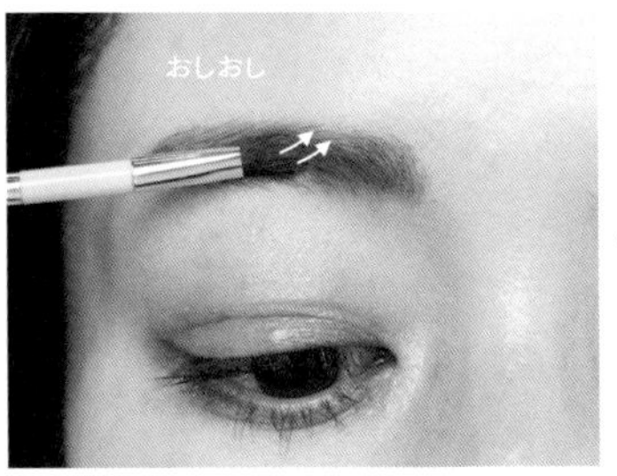

眉パレットの明るめ２色（ピンクブラウンとベージュ）をブラシに取り、眉の根元にのせる。最後、スクリューブラシで整える。

おすすめアイテムはP042へ

長井もヘビーユーズ！

おすすめ眉アイテム4選

簡単なのに断然あか抜ける、新しい6種類の眉の描き方。
私が頼りにしている眉アイテムはこちら！

No.1
グレーの眉ペンシル

眉1本1本を繊細に描ける

スムーズな描き心地の極細芯で、リアルな素眉風に描ける。エレガンス アイブロウ スリム GY11 ￥4180（セット価格）

この眉メイクにおすすめ！

TYPE A	上描き眉
TYPE D	平行スライド眉
TYPE F	グレー仕込み眉

眉毛のない部分にも、眉１本１本を素眉風に描き足すのに不可欠なのがグレーの眉ペンシル。繊細だけどくっきりと線を描ける、細芯タイプがおすすめ。

No.2
ピンクブラウンの眉パウダー

この眉メイクにおすすめ！

TYPE A	上描き眉
TYPE D	平行スライド眉
TYPE F	グレー仕込み眉

カラー眉目的というより、グレーの眉ペンシルで描いた後、全体の眉トーンを上げるのに活躍。３色入りパレットの場合、真ん中のピンクと明るいベージュを混ぜるとGOOD。グレー×ピンクベージュでちょうどいいブラウン眉に。

グレーを中和するピンクブラウン系

くっきり美しい発色のピンクブラウン系。カネボウ化粧品 ケイト デザイニングアイブロウ 3D EX-8 ￥1210（編集部調べ）

No.3

白みベージュの眉マスカラ

**素眉の黒さを
和らげる**

うぶ毛のように明るく柔らかそうな質感に。細くて角度のついたブラシも塗りやすさ◎。かならぼ フジコ マジカルアイブロウカラー 02 ￥1408

この眉メイクにおすすめ！

TYPE B	存在感薄め眉
TYPE C	カラーニュアンス眉

眉メイクの仕上げではなく、最初に。素眉の黒さや濃さを薄めるには白みベージュマスカラが不可欠。フジコの眉マスカラは、グレージュ眉考案のきっかけになった名品。

No.4

グレージュの眉ペンシル

この眉メイクにおすすめ！

TYPE B	存在感薄め眉
TYPE C	カラーニュアンス眉

黒い素眉×白みベージュの眉マスカラで、グレージュになった眉の足りない部分を描き足すのに重宝するのがグレージュの眉ペンシル。シャネルは桁違いの描きやすさ！

**ほんのりベージュを
感じる絶妙グレー**

なぎなたカットのペン先で、ソフトにも繊細にも描ける。シャネル スティロ スルスィル ウォータープルーフ 818(著者私物)

コレも便利！

**ふわふわ
アイシャドウブラシ**

アイシャドウ用の柔らかなブラシ。コンシーラーもぼかしやすい。NARS ブレンディングブラシ #22 ￥4510

この眉メイクにおすすめ！

TYPE E	短め眉

毛足が長いアイシャドウブラシは、コンシーラーで眉頭を自然にぼかすのに最適。

**マットなコーラル
アイシャドウ**

ソフトマットな色づきのローズピンクのアイシャドウ。リンメル　ワンダーキューブ　アイシャドウ マット M002 ￥880

この眉メイクにおすすめ！

TYPE C	カラーニュアンス眉
TYPE F	グレー仕込み眉

透けマットなコーラルのアイシャドウは、眉にカラーを足したり、グレーを和らげたりと活躍。

目

コスメがより使いやすく
美しく進化した今だから。

“結局いつも通り”から、
色で、アイテムで、塗り方で
自分メイクに変化を起こそう

アイシャドウは毎年どころか毎シーズン、膨大な新作、新色が誕生しているものの、いざデイリーメイクでアイシャドウを塗るとなると、「ブラウン系のパレットでグラデーションに塗る」という方が、圧倒的多数なのではないかと感じています。

左上の、長井かおりのアイメイクの変遷（笑）を見ると、真っ白やブルーなど、ブラウン以外にも一世を風靡したアイメイクのトレンドは確かにありましたが、ブラウン×グラデーションの根強さはスゴイ！　というのも、色と塗り方でWのデカ目効果と、さまざまなシーンに対応できる万能さゆえ。その反面、アイシャドウといえば何年もブラウン×グラデーションの一択であることが、自分メイクの頭打ち感の原因にもなっていそうです。

ではどうするか？　まず、色を変える。ブラウンでなくても目元を引き締めたり、デカ目に見せたり

【長井かおりの過去写真で振り返るアイメイクの歴史】

←スモーキー期　ブルー期　真っ白期

スモーキー期　赤みゼロのスモーキーなグレーやブラウンでグラデーションに。そう、囲み目盛りメイク時代です。

ブルー期　安室ちゃんが好きすぎて、私もブルーのアイシャドウを愛用していた時期も。老けて見えますね（笑）。

真っ白期　ギャル時代の名残で、真っ白のテラテラしたアイシャドウもブームに。目がかなり小さく見えますね！

できる配色がたくさん生まれました。まぶたの色が変わるとチークやリップ、お洋服との合わせ方も変わり、一気にメイクの幅が広がりますよね。

そして、アイテムを変える。「同じパレットを何度もリピート」……それも良いですが、プチプラでもよいのでぜひ最新アイテムを。というのも、質感や粉体が年々進化しているから。透明感やフィット感が上がり、発色もキレイに。ブラウン系でも最新のものを選ぶだけであか抜けて見えます。

さらに、塗り方。アイホールが明るく、目のキワにかけてどんどん暗くなる王道のグラデーション〝以外〟の塗り方を習得するだけで、同じパレットを使うにしてもかなり見違えます。

さて、次のページからは、アイメイクの選択肢が増える4つの塗り方を紹介しています。〝いつものメイク〟を目元から変えていきましょう。

アイシャドウの塗り方、いろいろ

（何年も同じ塗り方でいいの？）

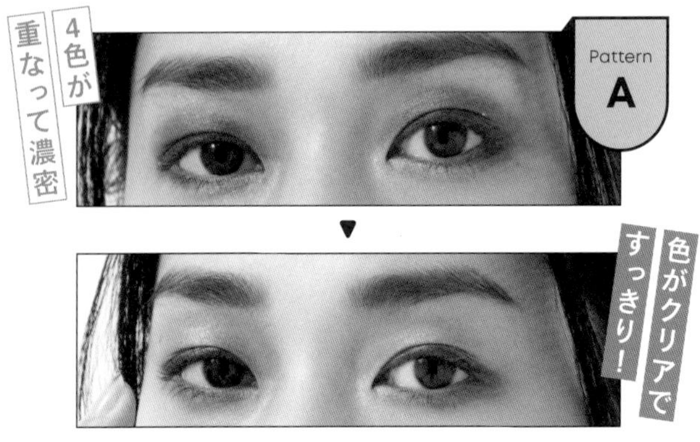

“ノングラデ”ですっきり抜け感&立体感！

パレットの色を次々塗り重ねると、気付けば目のキワは濃密に何色も混ざって濁る……。潔くグラデをやめても、立体感のある目元は作れます！

Go! P048

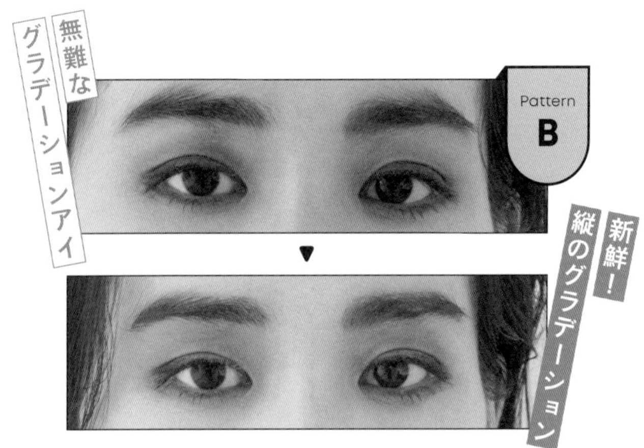

ベーシックカラーが見違える“縦グラデ”

目尻を暗く、目頭を明るく。まぶたを縦に３分割する、ありそうでなかった“縦グラデーション”。グラデの向きを変えて、王道ブラウンアイを刷新！

Go! P052

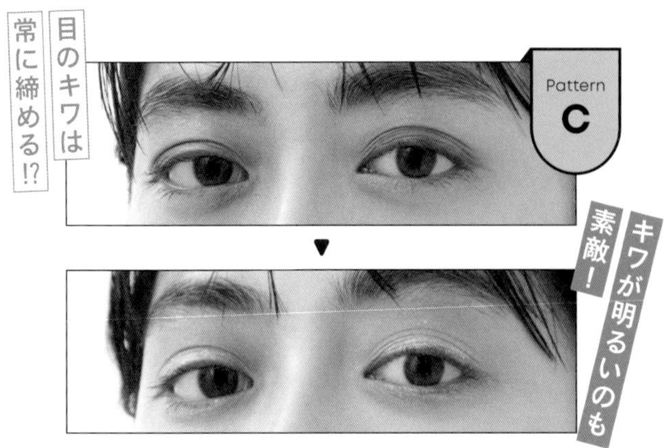

目のキワにかけてラメで明るい“逆グラデ”

「目のキワは暗いもの」という常識を捨て、キワは明るく、眉下を暗く！
いつもと逆なグラデーションは、ラメカラーがいい仕事をしてくれます。

Go! P056

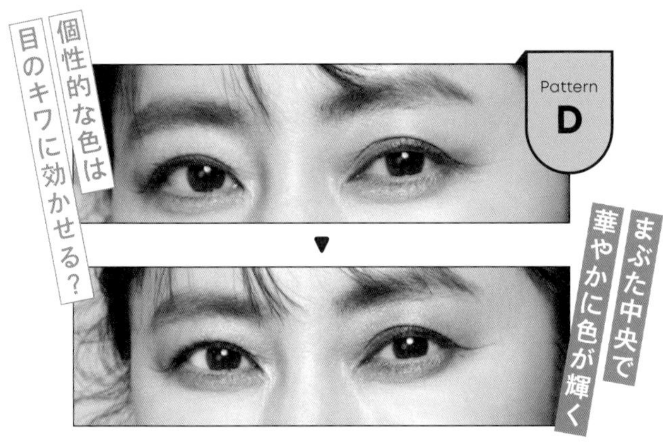

まぶた中央でカラーが輝く“太陽グラデ”

可愛いけれど持て余し気味の１色、ありませんか？　アイライン風に使うのもいいですが、まぶた中央で太陽のように輝かせると、全色が見事に調和！

Go! P060

Pattern
A

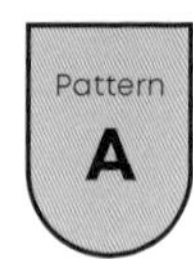

ラメと締め色でアクセントを

色が重なり合い、陰影は深いけれど少し重たい

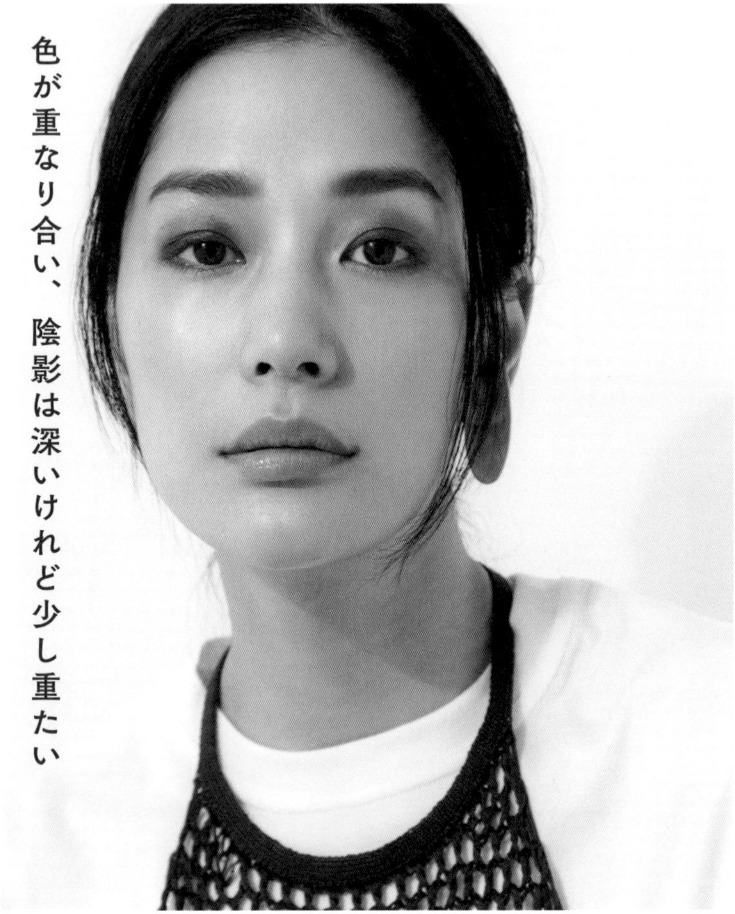

Before

こちらは４色パレットをフル活用して、アイホールに何重にも塗り重ねたグラデーションアイ。陰影は深まりますが、抜け感がなく重たい印象になりがち。

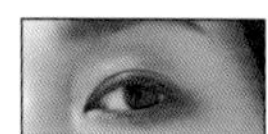

ノングラデの
抜け感&立体感アイなら

アイホールは潔く単色で!

まぶたは単色ですっきり! ラメと締め色で立体感

After

まったく同じパレットの中間色をメインに、ラメと締め色をポイント使いした目元。陰影も目ヂカラも維持しつつ、濁った重たさがなく、すっきり抜け感も演出できます。

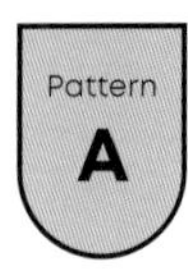

色を濁らせないだけで、いつものアイメイクがすっきり新鮮に！

色を何層も重ねる鉄板グラデ

グラデをやめて、クリアな発色

光と影をポイントで効かせればグラデなしでも立体感は出せる

アイシャドウパレットの明るい色から順番に中間色、締め色……と、まぶたに次々と塗り重ねていくのは王道の塗り方ですが、少し古臭く重たく見える場合も。グラデーション塗りは、デカ目効果はピカイチ。でも、グラデにしなくても立体的に見せる塗り方はあります。その一つが、〝**アイホールは単色で、黒目の上にラメを足し、目のキワに締め色をライン状にのせる**〟塗り方。ラメで眼球の丸みを際立たせつつ、目のキワは締めるので奥行き感は十分。発色もクリアですっきり。**パレットを買い足さずともアイメイクのマンネリを脱出できる**はずです。

How to Make-up

“ノングラデ”アイの作り方

中間色をアイホール全体と下まぶたに

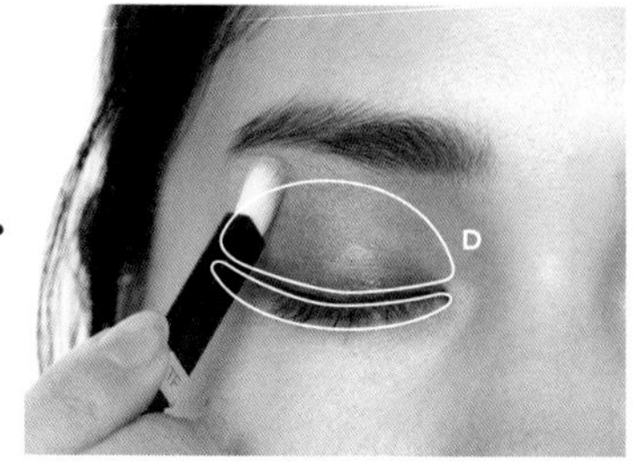

パレットの中間色（D）をブラシに取り、アイホール全体と下まぶたに塗る（Aを使ってもOK!）。

キラキラのラメを黒目の上に丸く

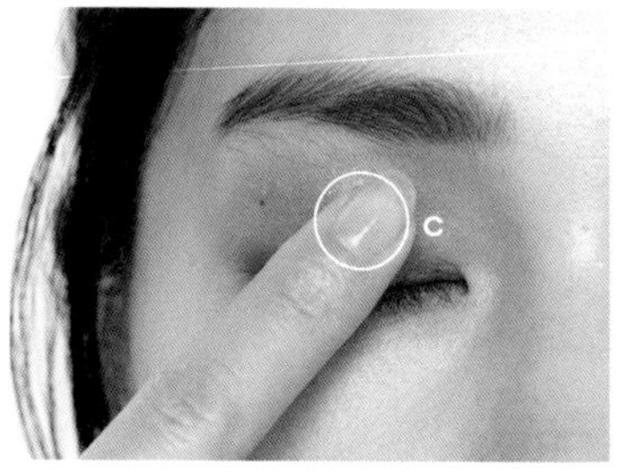

パレットの明るいラメカラー（C）を、人差し指の腹に取り、黒目の上あたりに丸くのせる。

締め色は目のキワにライン状にスッと

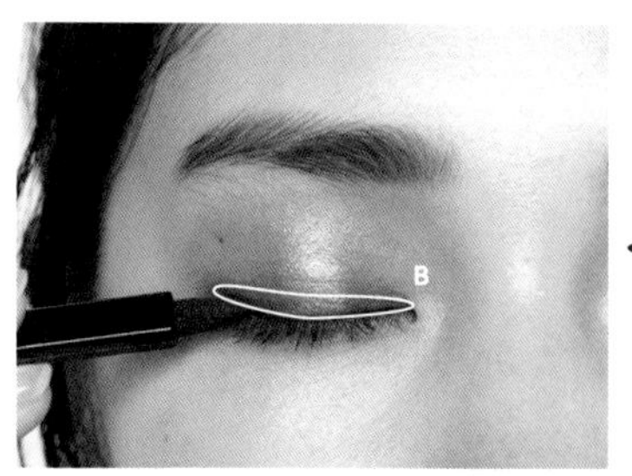

パレットの締め色（B）は、目のキワに細くライン状に。ぼかしてグラデーションにしなくてOK。

1つ持っておきたい赤みブラウン系

タイムレスに上品な目元に仕上がる赤みブラウンとベージュのパレット。トム フォード ビューティ アイ カラー クォード 4A ￥12980

Pattern
B

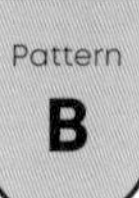

が一気に異なる表情に！

横長の半円を重ねる、一般的なグラデーション

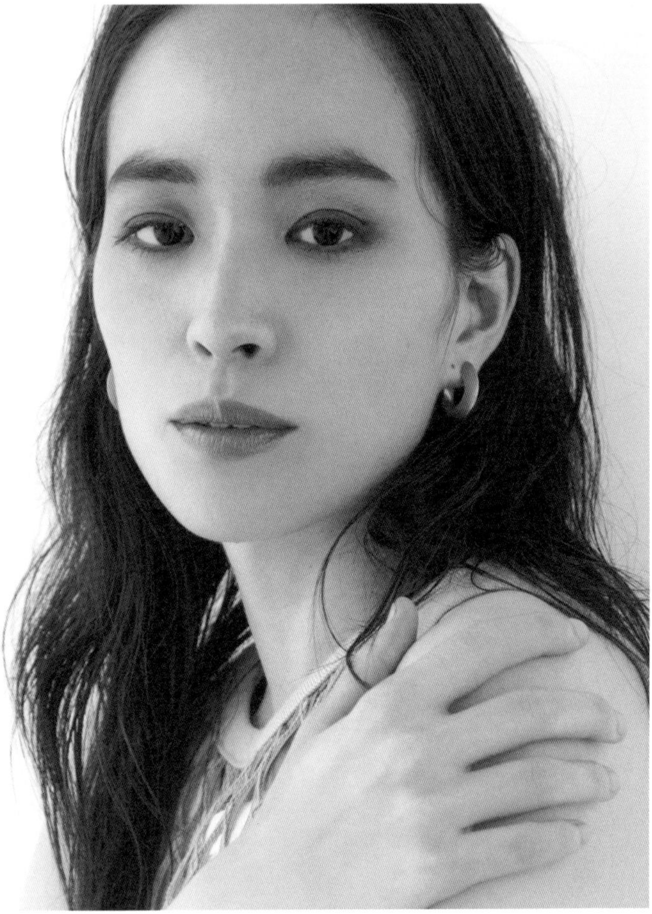

Before

眉下が明るく、目のキワが暗い“横”グラデーションの目元。締まりすぎて、逆に目元をコンパクトに見せてしまう場合も……。

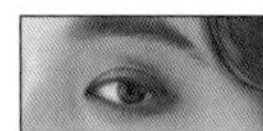

ベーシックがあか抜ける
“縦グラデ”なら

“いつものブラウンパレット”

まぶたを縦3分割で塗る、〃縦〃グラデーション

After

目尻側を暗く、目頭側を明るくした“縦”グラデーションの目元。目尻に陰影がついて程よい締まり感があり、目の横幅がワイドで印象的に仕上がります。

Pattern
B

ワントーンのブラウン系パレットは縦グラデに最適！

新鮮な〝縦グラデ〟

定番の〝横グラデ〟

ブラウン系のベーシック配色にさりげないしゃれ感を

みなさんひとつはお持ちであろう、ブラウン系のアイシャドウパレット。その塗り方として、アイホールに明るい色を、そして範囲を狭めて暗い色を塗り重ねる〝横〟グラデーションが基本だと思いますが、新たな試みとして、**グラデーションを横から縦に変えてみませんか？** アイホールを縦に3分割して、それぞれを縦長の楕円状に塗る〝縦グラデーション〟は、目尻を暗く、目頭に向かって明るくしていくというもの。目のキワを締めない分、抜け感が出せると同時に、**目の丸みに沿った陰影がつけられます**。配色はベーシックなのに、どこかいつもと違ったしゃれ感を出せますよ！

How to Make-up

“縦グラデ”アイの作り方

上下の目尻側に締め色を薄くぼかす

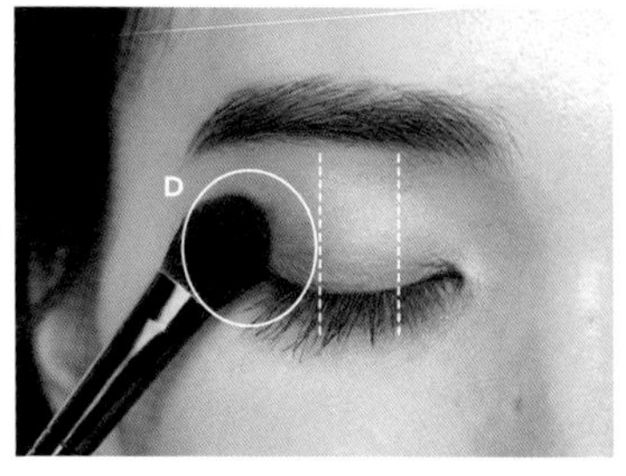

締め色（D）を、まぶたを縦3分割したときの目尻側上下に薄くぼかし、目尻の先を自然につなぐ。

上下まぶたの中央エリアに中間色を塗る

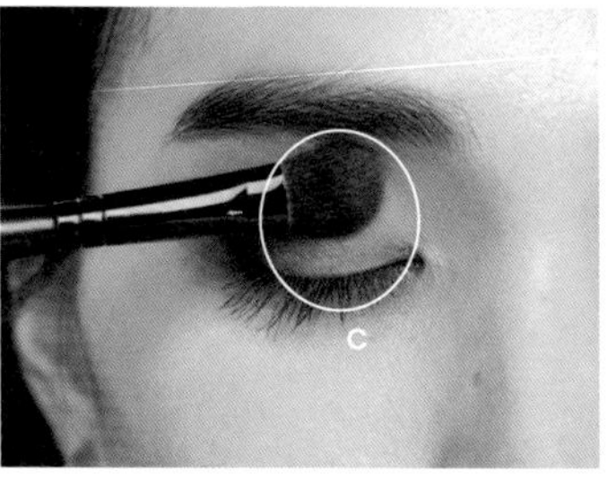

中間色（C）を、まぶたを縦3分割した中央エリアに。目尻のカラーとの境目をぼかしながらなじませて。

上下目頭側に明るめラメカラーを塗る

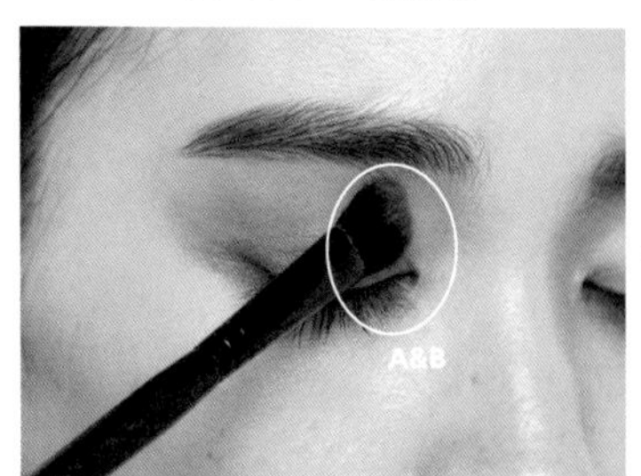

明るめのラメカラー(A&B)を混ぜ取り、まぶた縦3分割の目頭側に。中央のカラーとの境目をぼかすこと。

シーンを問わず活躍する
ブラウンパレット

95％自然由来成分のビーガン処方。温かみのあるブロンズ・コッパー系。ベアミネラル ミネラリスト アイシャドウ パレット ウォームス ￥5720

簡単なのに華やか！

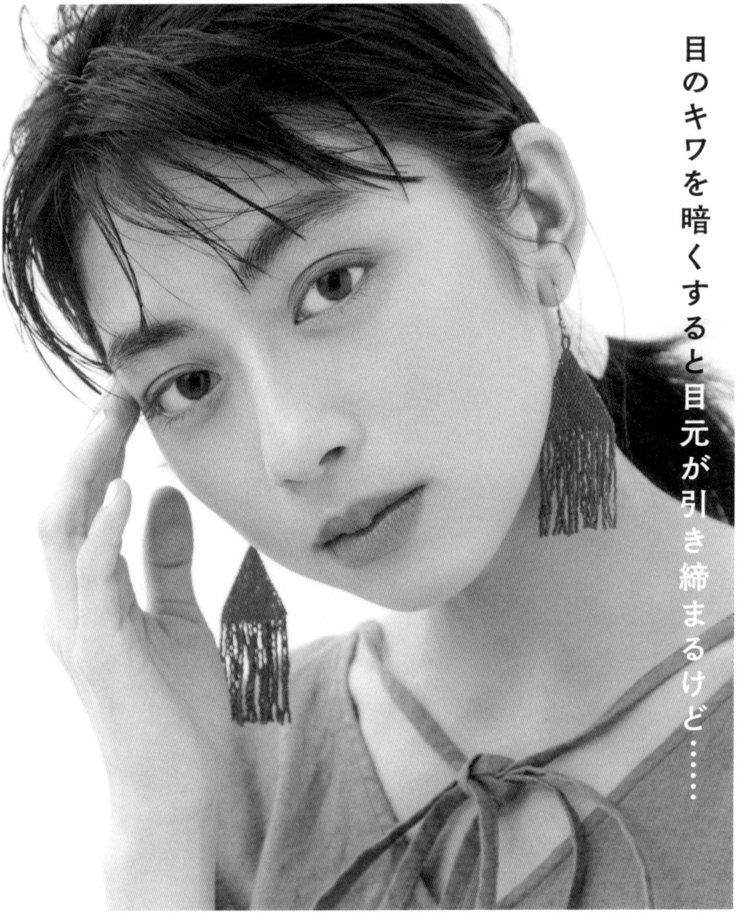

目のキワを暗くすると目元が引き締まるけど……

Before

こちらは、目のキワが暗い一般的なグラデーションの目元。目のキワを締めるといえば、「暗い色を塗る」ですが、少し重たい印象になる場合も。

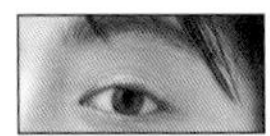

目のキワにかけて
明るくなる"逆グラデ"なら

ラメライン風の輝きがまとえ、

目のキワが明るい〝逆グラデ〟でも締まる！

After

目のキワが明るくて眉下が暗い、通常と明暗が逆転した"逆グラデーション"。
目のキワは思いっきり明るいラメですが、目元がぼやけることもなくメリハリが！

キラキラのラメ入りパレットは“逆グラデ”と相性抜群です！

目のキワが暗い通常のグラデアイ

目のキワが明るい〝逆〟グラデ

目のキワは暗くせずともきちんと目元は引き締まる

キラキラのグリッターラメが入っているようなパレットにぴったりの塗り方としてご提案したいのが〝逆グラデ〟。眉下は明るく、目のキワにかけて暗くなるというのが王道のグラデーションですが、あえて、**眉下は暗く、キワはラメで明るい、通常とは明暗が逆転した〝逆グラデーション〟**はいかが？

意外にも、眉下を暗くすると、骨格が掘り起こされるので目元の陰影も十分。目のキワが明るくても、目元がぼやけるどころか**ラメのアイライナー風で、印象的な目元に仕上がります**よ。より引き締め感が欲しい場合は、黒マスカラを使うとＧＯＯＤ。

How to Make-up

“逆グラデ”アイの作り方

眉下に締め色で影を入れて立体的に

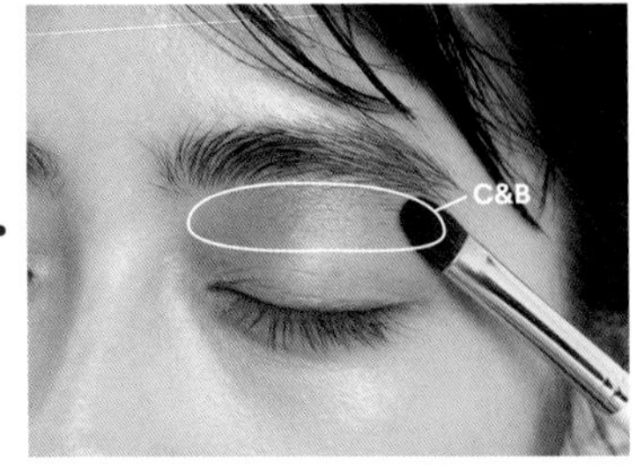

パレットの締め色（C）と、明るめの中間色（B）をブラシに混ぜ取り、眉下にふんわりとぼかし入れる。

ベースカラーを上下アイホールに

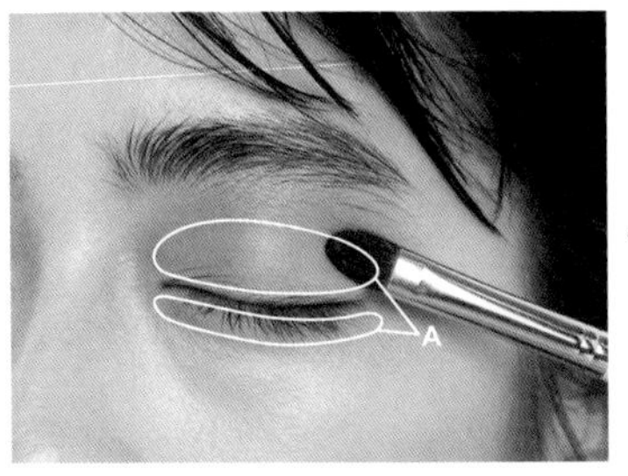

ベースカラー(A)をアイホールと下まぶたに。眉下の色との境目はぼかす。目のキワは上下とも塗らないで。

大粒ラメを上下の目のキワに敷き詰める

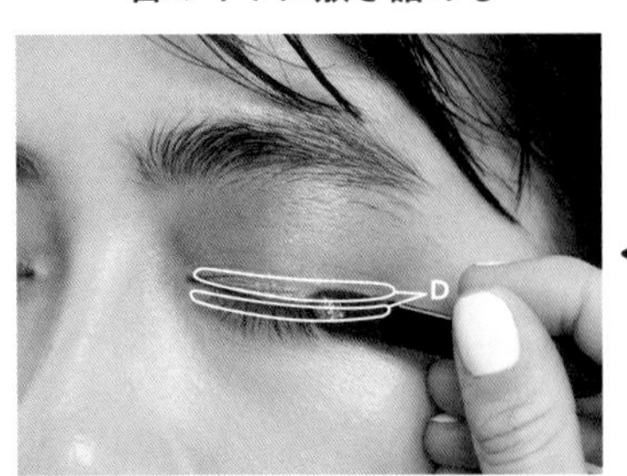

大粒のラメカラー（D）を細チップに取り、空けておいた上下の目のキワを埋めるようにのせていく。

大粒ラメカラーがラメライン風に

異なる4質感が1つに。マルチに使いやすいキャメルブラウン系。資生堂 マジョリカ マジョルカ シャドーフラッシュ BR202 ￥2090

その世界観が活かせる！

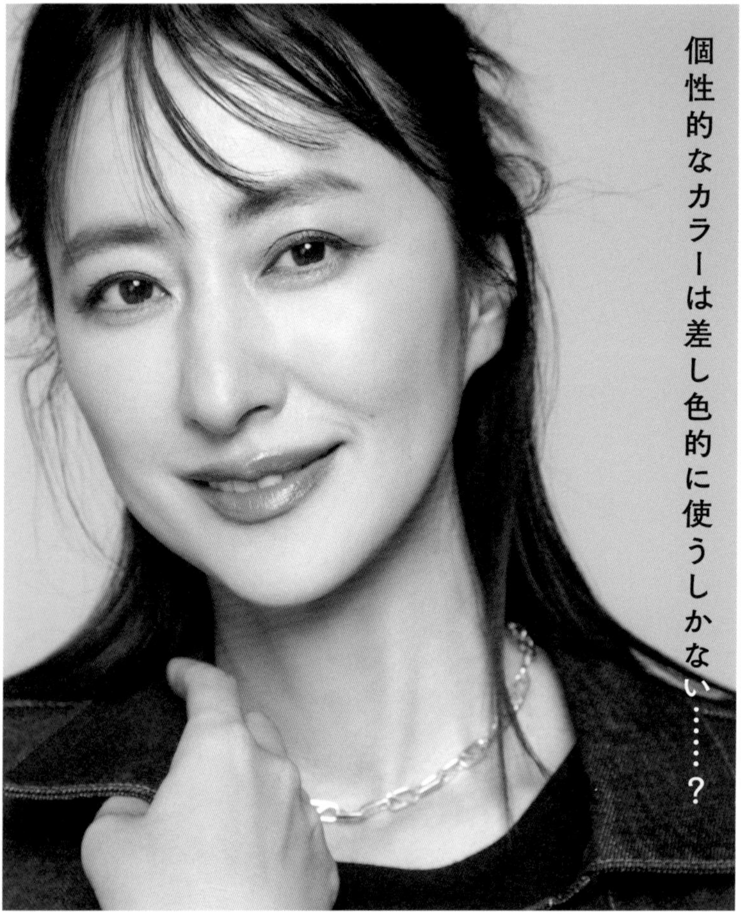

個性的なカラーは差し色的に使うしかない……？

Before

個性的な色を、アイライナー感覚で目のキワにライン状に入れたアイメイク。狭い範囲だけれど色の主張が強く、少し派手なメイクに見えるかも。

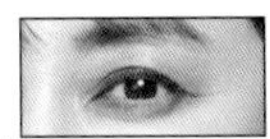

まぶた中央で色が輝く
“太陽グラデ”なら

難しそうなパレットでも、

〃太陽グラデ〃なら、色の個性を活かしつつ調和！

After

同じパレットを使い、最後に個性的な色を黒目の上に丸くのせてなじませたアイメイク。色の個性が活きたグラデーションメイクを楽しめます。

カラフルな映え色を悪目立ちさせずに使いこなせる

個性的な色を中央で調和させた目元

個性的な色を目のキワに効かせた目元

パレットの配色の美しさをそのまま目元に再現！

鮮やかで個性的なカラーが1～2色入っているパレット、ありますよね。その美しさに魅せられて衝動買いしたものの、「どう使う？」と持て余して、結局〝捨て色〟に……なんて、あるあるエピソードだと思います。でも、長井が思うに、**〝パレットにセットされているすべての色には意味があって、必ず使いこなせる〟**はず。難しい色をカラーライン的に目尻にスッと引くのもいいですが、むしろ個性的な色こそ、まぶたの中央で輝かせてみては？ **パレットの見た目の美しさをそのまままぶたで再現できるので、名付けて〝太陽グラデ〟**です！

How to Make-up

"太陽グラデ"アイの作り方

明るめカラーを眉下に楕円形にのせる

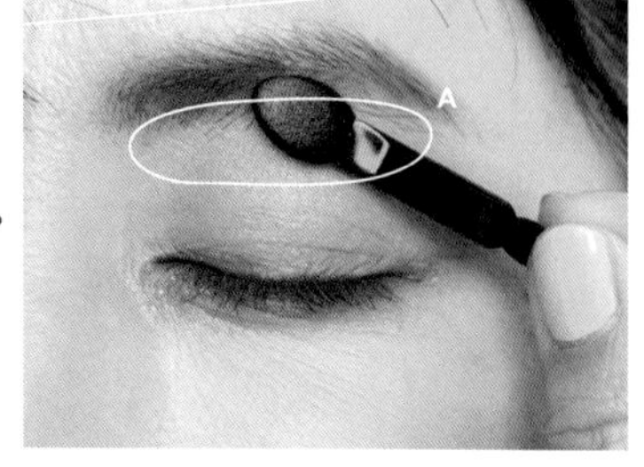

パレットの明るい色（A）をチップに取り、眉下に。横長の楕円形にのせる。

中間色と締め色をアイホールと下まぶたに

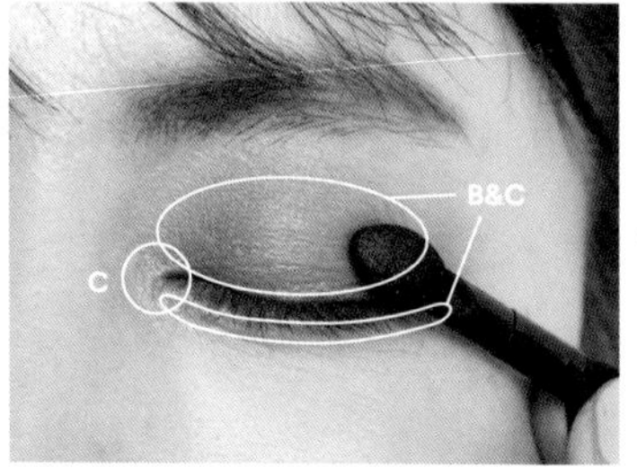

締め色（B）と中間色（C）を混ぜてアイホールと下まぶたに。Cは目頭に軽くのせても素敵！

鮮やかなカラーを黒目の上で丸く広げる

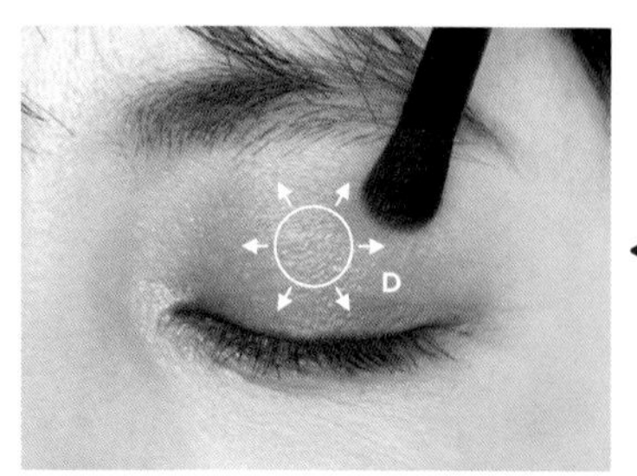

鮮やかな色（D）を黒目の上に丸くのせる。太陽マークのように境目を全方向に広げてなじませる。

今回は青みピンクを使用。どんな色でも応用可能！

クールなピンクがアクセント。繊細なラメの輝きで、奥行きのある目元に。カネボウ化粧品 ルナソル アイカラーレーション 21 ￥6820

(同じ色で検証!)

塗り方次第でこんなに違う

同じオレンジブラウン系パレットでも、塗り方ひとつで、印象は変えられます!

「ノングラデ」

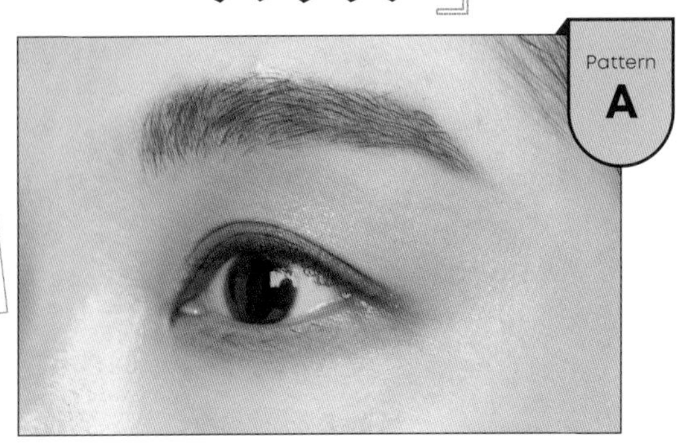

"ノングラデ"は、ミディアムカラー、ラメやパールなど明るめカラー、程よく目元が引き締まる暗めカラーがあるパレットなら、どんな色でも応用可能! カジュアルで抜け感のある目元に仕上がります。

詳しい塗り方は P051 でおさらいを♪

「縦グラデ」

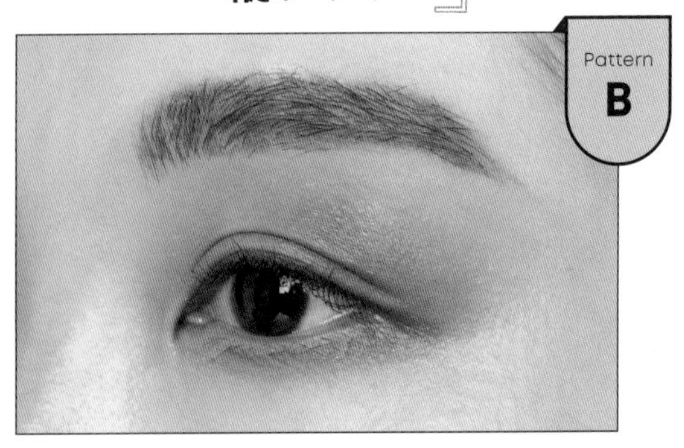

同系色の濃淡で、目尻から目頭に向かって明るくしていく"縦グラデ"は、オレンジブラウン系のパレットとも相性抜群。目尻側の陰影が深まるので目の横幅をワイドに見せる効果も。

詳しい塗り方は P055 でおさらいを♪

「逆グラデ」

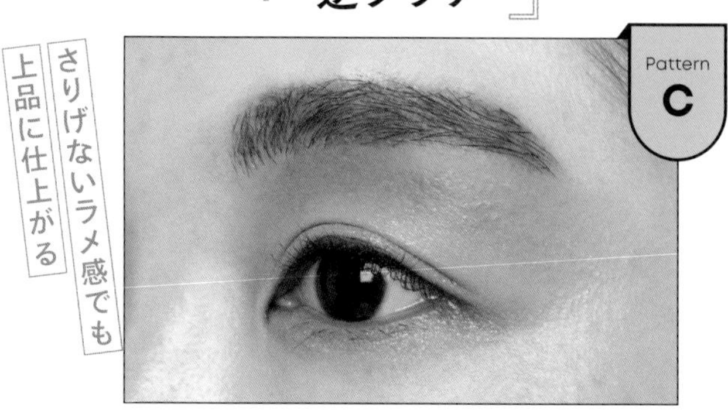

目のキワをラメで明るく、眉下を締め色で暗くする“逆グラデ”は、ラメが繊細でさりげないパレットでも応用可能。透明感のある仕上がりなので、マスカラを黒にして引き締めるとバランスよくまとまります。

詳しい塗り方は P059 でおさらいを♪

「太陽グラデ」

個性的な色をまぶたの中央にのせる“太陽グラデ”は、オレンジブラウン系の同系色のパレットを使ってももちろん素敵。その場合、まぶた中央が濃く、じわっと周囲に向かって薄くなるグラデ感で新鮮な印象に。

詳しい塗り方は P063 でおさらいを♪

1コで何役も！ マルチで使える

万能パレット6選

4パターン、どの塗り方にも映える万能パレットを長井が厳選！
ひとつあればいろいろ楽しめるのでぜひご活用を。

SUQQU

SUQQU シグニチャー カラー アイズ 03
¥7700

「サンドベージュ×ゴールデンブラウン系の4色パレット。どんなシーンやファッションにもマッチするから毎日使える。ベーシックなのに洗練された絶妙なカラーで、さりげなく人と差をつけて。」

CEZANNE

セザンヌ ベージュトーンアイシャドウ 04
¥748

「ベージュを基調としたカラーの、ラメ・パール・マットの3質感がセットに。ラメは大胆なのに品があり、フレッシュなのに肌なじみの良いミモザベージュなど取り入れるだけであか抜けが叶います！」

LUNASOL

カネボウ化粧品 ルナソル アイカラーレーション 23
¥6820

「いずれも透け感のある繊細なニュアンスカラーで色と色を重ねても美しい。23は、好印象のピーチカラーと大人っぽいゴールドの配色。ブラウン感覚で使えて肌によくなじむのに、とにかくおしゃれ！」

RMK

**RMK シンクロマティック
アイシャドウパレット 05**
¥6380

『青みに寄りすぎないピンクが絶妙！　甘くなりすぎないのに、フレッシュで可愛らしさもあるローズピンク系。影色も血色も華やかラメも、すべてがひとつに詰まった、とにかく盛れて映えるパレットです。』

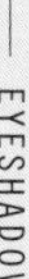

ADDICTION

アディクション ザ アイシャドウ パレット 004
¥6820

『“タイムレス ゴールド”という名の通り、時代を問わず愛されるゴールデンブラウンパレットを追求。大人に必要な彫り感と温かみが共存しているので、とにかく使いやすい。発色の美しさも秀逸。』

RIMMEL

**リンメル　ワンダー　エバー
アイシャドウ 001**
¥1650

『しっとりと肌に溶け込むようななめらかな質感で、どんな肌にもなじんで使いやすい。締め色もほどよく、モーヴみでレディ感アップ。まぶたをクリーンアップできるライトベージュもかなり使える。』

ちなみに

リキッドシャドウはブラシ塗りがキレイ！

ブラシを使えば 薄くピタッと 均一に塗れる

「湿度のあるアイシャドウは指で伸ばすもの」と思われがちですが、ムラやヨレができてしまうという人はぜひ、ブラシを使ってみてください！　しっとりアイシャドウを薄くピタッと均一に塗ることができ、持ち味であるツヤや光沢感を上品に表現できます。

乳液のように しなやかにフィット

多彩なパールが上品に輝くシアーなレンガ色のリキッドシャドウ。THREE ユナイテッド フルイドアイカラー S03 ￥3850

How to Make-up

ブラシを手の甲でなじませてから、目のキワに色を置き、扇状にぼかす。下まぶたのキワにもブラシで広げる。

ちなみに

大人のラメシャドウは大粒で！

大粒ラメは小ジワに入り込まずしっかり光を放つ！

乾燥などでハリ感不足のまぶたに繊細なパールシャドウを塗ると、まぶたがザラッとしぼんで見える場合も。大粒ラメのグリッターはいい意味で肌に溶け込まず、表面でキラッとした存在感を放ちながら、リキッドならではのみずみずしいツヤ感が演出できます。

まぶたにツヤとキラッとした輝きを☆

クリアなリキッドベースで、輝度・純度の高いラメとパールが美しくキラめく。アナ スイ トゥインクリング アイ グリッター 001 ￥2750

How to Make-up

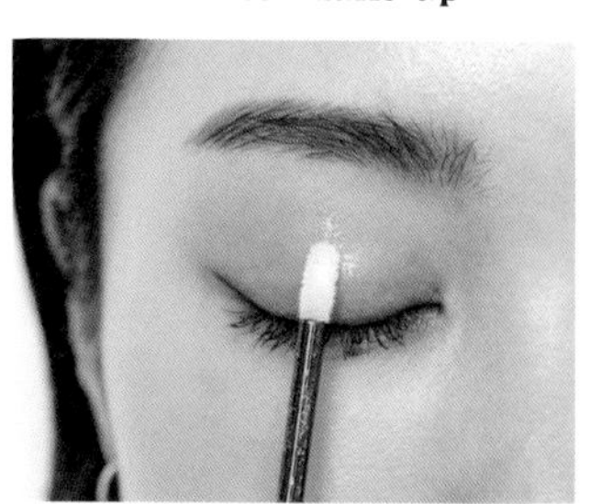

上まぶたの中央に、グリッターラメシャドウを少量直塗りし、指でトントンとなじませる。

Chapter

New Make-up Theory

Base Make-up,
Contouring, Eye Make-up,
Cheek, Lip, Hair

これが令和の メイクセオリー

メイクの常識が変わったのは
眉やアイシャドウだけではありません。
ベースメイクやその他のアイメイク、
ハイライト＆シェーディング、
チーク、リップ、ヘアスタイリングなど
令和版メイクの基本テクをまとめました。

令

時代が変わるとともに
メイクも変わる!

若見せメイクを目指すより メイクテクニックを アップデートするべし!

これまで自分なりにメイクをしてきたけれど、「どうもしっくりこない」「私のメイク、このままでいいのかな」と感じている方、多いと思います。でも同時に「若作りはしたくない」「別に若く見せたいわけでもないし」などの理由から、結局いつも通り。なんとなく疑問や違和感を覚えながら同じメイクを続けている、というのがリアルなところだと思います。よほどの美容・メイク好きの方でない限り、常にメイクをアップデートしたり、あれこれ研究したりはなさらないことも重々理解しています。

でも、「大人の方がメイクを頑張ること」=若作り、ではないと思うんです。ベースメイクで肌のくすみや色ムラをカバーしたり、チークやリップで血色感を足したり、アイメイクで目をくっきり見せたり……年齢による肌悩みをカバーしつつ、華やかさを足すことができるため、メイクをして若々しく見え

令和版メイク　　　　平成版メイク

ひろたんさん（50代）

平成版メイクは、「フルカバーのベースメイク」「グラデーションの目元」「黒のアイライナー」「長めのアーチ眉」「チークは頬骨の上に丸く」「リップは唇の形に沿って」といったテクニックを用いたメイク。「何がダメなの？」と思った方、テクニックの変え時です。

るのはある意味当たり前のことなのです。でも、残念ながら「メイクをしたほうがなぜか老けて見える」というケースがあるんです。

その大きな原因が、古いテクニックでメイクをしていること。上の写真をご覧ください。これからご紹介する令和の基本テクニックを用いたメイクと、平成版メイクとで、どちらがより若々しく見えるでしょうか。これは単純に若見せを目指してメイクをしたというより、メイクテクニックをアップデートしたことによって、〝いつもの自分メイク〟の壁を越えた結果。派手なメイクでもなく、若作り感もありませんよね。こまめなアップデートは大変！　という方も、ちょうどメイクのセオリーが変わっていく過渡期である今、思い切ってこれまでのメイクテクニックを見直してみませんか。

BASE MAKE-UP

令和の基本テク

ベースメイク編

“ベースメイクこそ、実はテクニックやアイテムの
アップデートが仕上がりを大きく左右するもの。
なのに、「何十年もずっと同じ」という人、多いかも!?
今の自分に合うベースメイクへ、見直してみましょう”

大人の下地選びは
トーンアップ機能が大前提!
「明るすぎ」くらいでちょうどいい

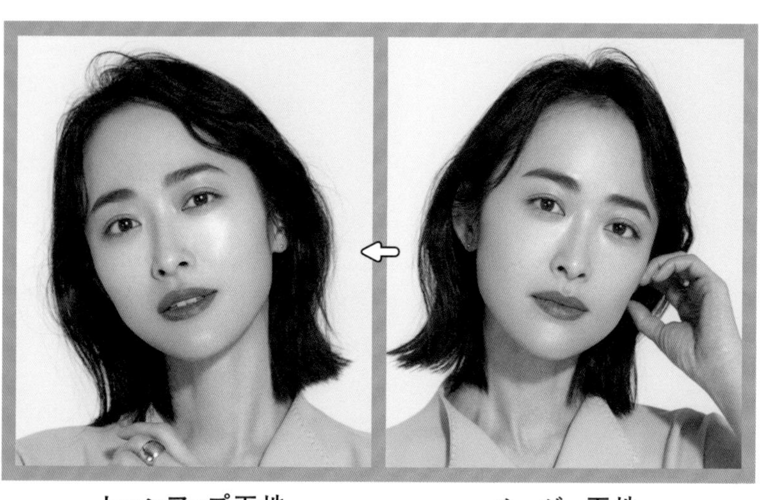

トーンアップ下地　　ベージュ下地

下地は明るすぎくらいで。くすみを払って若々しく!

これまで「大人の肌はワントーン暗めにすると、引き締まって若々しく見える」というのが常識でした。が! 今は、パワフルにくすみを払う「トーンアップ下地」という素晴らしいアイテムが生まれ、かつて大人女性が恐れていた「白浮き」にならずに**透明感とツヤのある若々しい肌が作れる**ように。上にファンデーションを重ねると自然になじむので、下地の時点では「明るすぎかも?」くらいでも大丈夫ですよ!

BASE MAKE-UP

下地

下地は"スキンケア塗り"が基本!

1

くるっと4点置いてからのばす

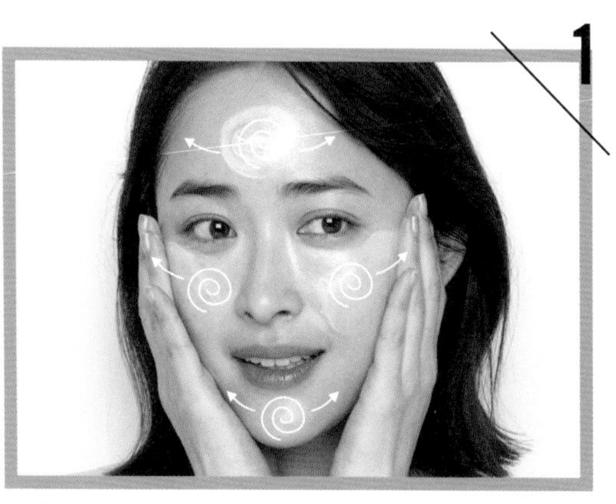

朝のスキンケアの最後に額、あご、両頬の4点にくるくるっと、なると状に下地を置き、両手のひらを使ってスキンケア感覚で顔全体にのばす。

2

首にものばして白浮きを防止

首もスキンケアをしておく。下地を追加し、4本指の腹全体を使って、まんべんなくなじませる。

ちなみに

毛穴カバー用下地なら“くるくる塗り”を

**むやみに広げないで
その場でくるくる！**

毛穴をカバーし、皮脂やテカリを防ぐタイプの下地は、頬や鼻、あごなど気になる部分に置いたらその場でくるくると入れ込むこと。実は無意識にすーっとのばしがちなので要注意。最後にハンドプレスするとフィット感がアップ！

寒色系下地は顔の中央に逆三角形で！

**絶大なる透明感！　だからこそ
顔の中央のみに塗ること**

ブルーやラベンダーのコントロールカラーは透明感抜群ですが、大人は闇雲に全顔に塗らないで！　額と両頬にだけギザギザッと逆三角形に塗り、その場でなじませてから全体へ薄くつなげる。メリハリが重要。

長井厳選

大人の下地 SELECTION

a グリーンの光を放つパールを配合。光のヴェールをまとったような端整な肌に。イヴ・サンローラン・ボーテ トップ シークレット インスタント トーンアップ SPF50・PA++++ グリーン 40mL ¥7480 **b** ラベンダーカラーが黄みを抑えながら透明感をアップ。アディクション スキンプロテクター カラーコントロール 001 SPF40・PA+++ 30g ¥4180 **c** みずみずしいジェル状で肌の凹凸を整え、テカリを抑える。NARS ソフトマットプライマー 30mL ¥5390

1本持っておきたい白緑！悩み対応下地も心強い

トーンアップ下地は多種多様にありますが、ベージュやピンクなどの暖色系よりも、寒色系でかつ塗るとほぼ透明になる下地が大人にはおすすめです。特に、少し緑がかった透け感のあるホワイトの下地が最強。ラベンダーやブルーなど、ほんのり色づくコントロールカラーは、くすみを晴らす力が絶大なのでぜひ顔の中央に部分使いを。また、毛穴をカバーしてテカリを抑える下地は、さらりとしつつも、全顔に使えるくらいうるおい感の高いものが便利です。

ベースメイクの仕上がりは スポンジ使いで決まる!?

スポンジはぺたっと面塗りで!

スポンジの面塗り　　スポンジの角塗り

ファンデの〝もろもろ〟は スポンジ使いが原因かも!?

スポンジには水分を吸って、それを吐き出すという性質があります。厚みのある**スポンジの面を肌に当てて、優しくたたくように塗ると、ファンデーションが吐き出され、ほどよく厚みをもたせながら塗ることができます**。一方、角を使うと、肌との接触面が少なく、こするように塗りがち。すると、塗りムラができやすく、**こするほどに薄くなる……**。フェイスラインに溜まる〝もろもろ〟はこれが原因かも。スポンジの使い方、ぜひ見直しを!

FOUNDATION

ファンデーション

スポンジの面塗りをマスターしよう

1 左官屋さん気分で！なめらかにすべらせる

液状ファンデーションを指でなると状に広く頬にのばした上で、スポンジの広い面を当てて内→外にすべらせる。

2 盛りたい位置でたたき塗りを

ファンデを盛りたい場所には、スポンジの面を当て、垂直にタップ。さすると薄くなるので要注意！

3 細かな部分も面で押さえる

小鼻や口元、目元など細かな部分にもスポンジの面を優しく当て、押し塗りでカバーを。

ファンデーションは均一……じゃなくていい！
“美肌ゾーン”を手厚く塗ろう

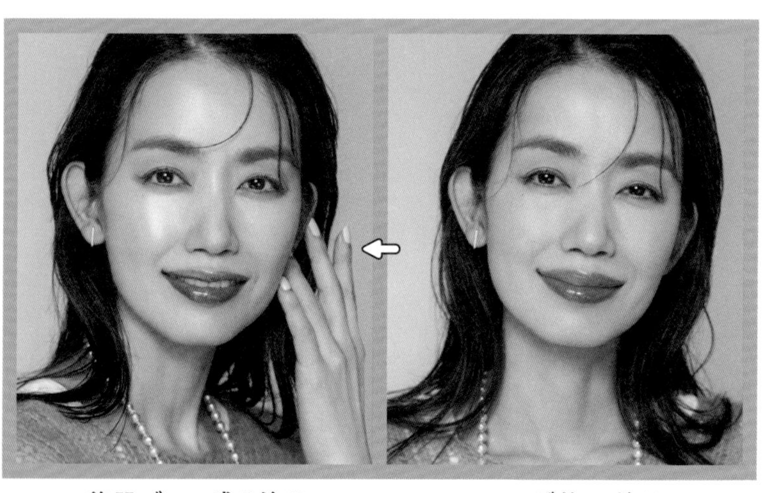

美肌ゾーン盛り塗り　　ファンデ均一塗り

美肌ゾーンが整うと顔全体が整って見える

「美肌ゾーン」とは、要するに〝**ここが整ってキレイなら、リフトアップやハリ感、クマカバーが叶う！**〟という大人のメイクの肝となる部分です。

場所としては**目頭下からこめかみにかけて**。クマやシミ、たるみが出やすい部分なのでハイライトを塗るのも効果的なのですが、ファンデーションを塗る時点でこの**美肌ゾーンを手厚くメイクしておくと、さりげなく整った印象に仕上がります。**

FOUNDATION

ファンデーション

ファンデーションは“美肌ゾーン”を盛ろう!

1 ファンデーションを全体にのばす

ファンデーションを頬にくるっと、なると状に置いたらスポンジを使い、顔の内→外に全体的になじませる。

2 美肌ゾーンにファンデを足す

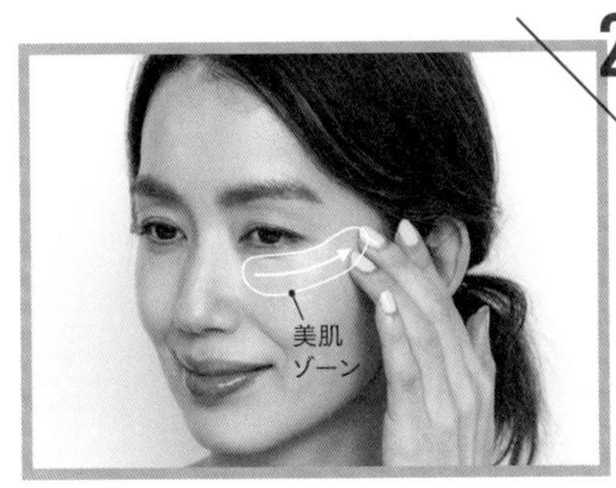

目頭の下からこめかみにかけて、ファンデーションをごく少量追加。指の腹ですっとのばす。

3 スポンジでその場にたたき込む

スポンジの面を押し当てて、こすらずその場で定着させて。薄く広げすぎないよう注意。

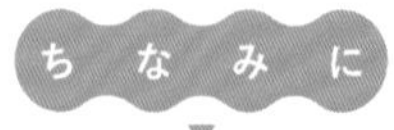

クッションファンデはつけすぎ注意！

大抵の方はつけすぎです！ 手の甲でオフしてから塗ろう

クッションファンデといえば、何度もポフポフ取って塗る……ものではありません！「中身はリキッドファンデーション」と思うと、量多すぎかも!? パフに取るのは１～２度程度でOK。少量でもツヤと透明感のある肌に仕上がりますよ。

HOW TO MAKE-UP

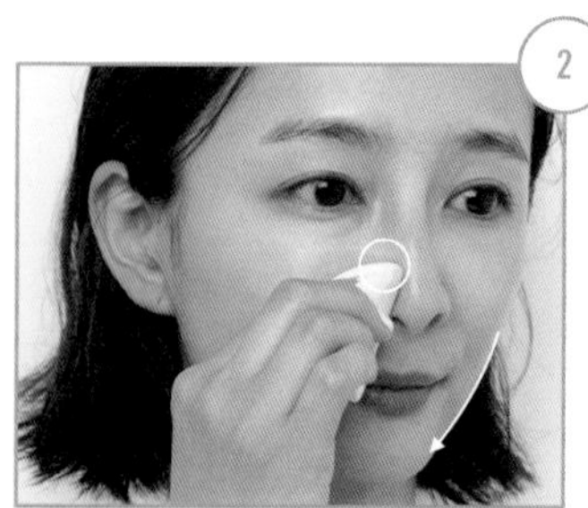

小鼻や目元、口元など細かい部分はパフを折り曲げてトントン。耳前からあご先へパフをすべらせて、すっとシャープに。

パフを目の下あたりに置き、そこから小刻みにトントンとタップしながら、顔の中央部分に塗っていく。

長井厳選

FOUNDATION

大人のファンデーション SELECTION

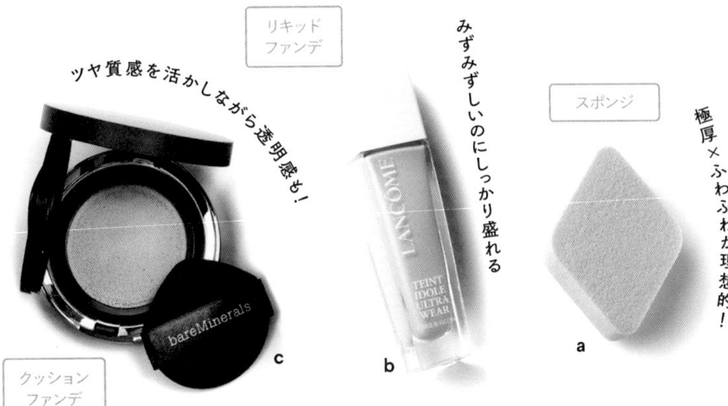

a 長井愛用の理想のスポンジ。厚みがあるのにふわふわで吸水力抜群! ロージーローザ バリュースポンジ ダイヤ型 タイプM 6P ¥594 **b** 美容液のようなテクスチャー。塗りたてのツヤ感が長時間続く。ランコム タンイドル ウルトラ ウェア ケア アンド グロウ 全6色 ¥7920 **c** みずみずしく軽やかなツヤ肌に。スキンケア成分も豊富に配合。ベアミネラル オリジナル ピュア セラム カバーアップ クッション (ケース付き) SPF40・PA++++ 全4色 ¥6820

みずみずしいファンデをぜひ厚いスポンジで!

薄くて硬いスポンジは、極薄にファンデを密着させるのには適していますが、大人がファンデをある程度しっかり盛りたい場合は、厚みのあるふわふわのスポンジが最適。ファンデーションも美容液のようにうるおい感の高いものを。自然なツヤが出て、美肌ゾーンも盛りやすい! クッションファンデを使う場合も、みずみずしくグロウなタイプを選ぶのが、厚ぼったくなく、透明感のある仕上がりを叶えるコツです。

くずれ防止、マット仕上げだけじゃない!? 最新お粉を使いこなせば さらり上品なツヤ肌に！

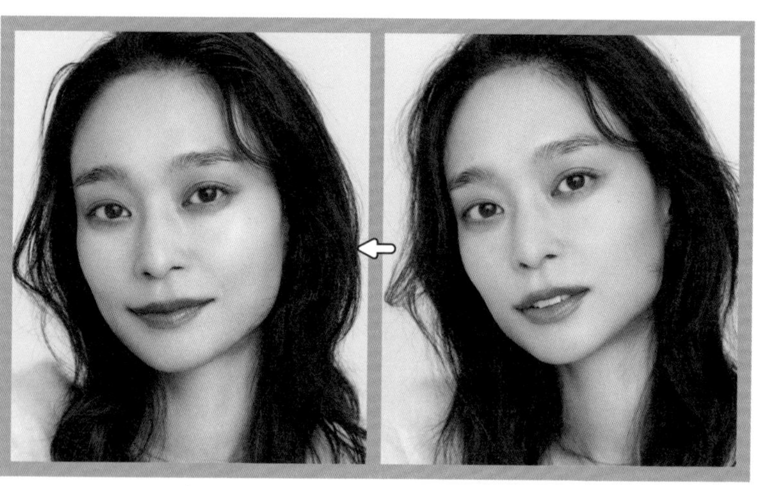

お粉でツヤ肌　　お粉でマット肌

お粉＝マット肌ではない！ さらツヤ肌も作れる

「フェイスパウダーを使うとマットな肌になる」というイメージがまだ根強いかもしれません。〝くずれやヨレ防止のために使うもの〟とも思われがちですが、お粉愛ゆえに「お粉大臣」とも呼ばれる長井的には、**お粉とはさらりとクリーンなツヤ肌が作れるベースメイクのマストアイテム！**進化した最新のお粉を使い、**Tゾーンはキュキュッ！頬はほわほわ〜っとメリハリ塗り**をすると、透け感があり頬ずりしたくなるようなさらツヤ肌に仕上がります！

FACE POWDER

フェイスパウダー

（ツヤが出るお粉の塗り方はこちら！）

1 パフにたっぷり取りTゾーンから塗る

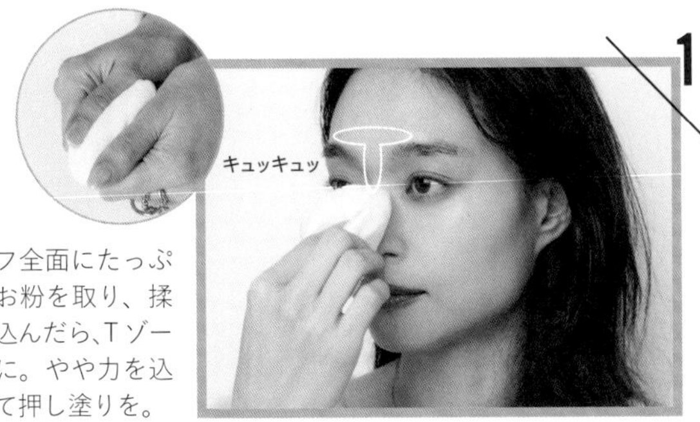

パフ全面にたっぷりお粉を取り、揉み込んだら、Tゾーンに。やや力を込めて押し塗りを。

2 頬にふんわりのせる

頬の内側から外側に、パフをふんわり優しく置いていく。

3 首にもほわっと薄く塗る

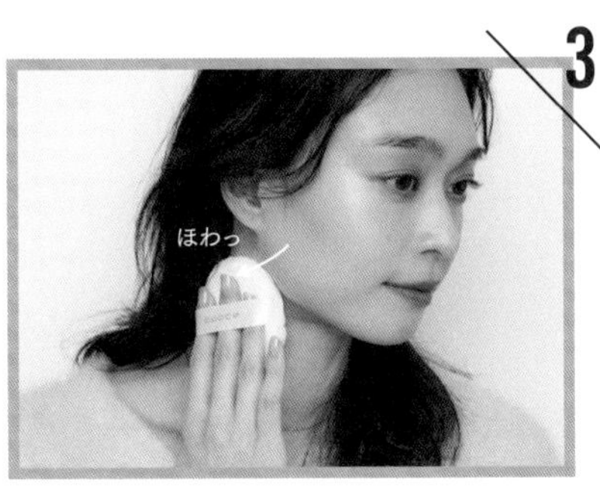

お粉をつけ足し首へ。少し圧をかけながら、首全体に透明ヴェールをかけるように。

ちなみに

ラベンダーのお粉はブレンド塗りにも！

覆い隠さないほうが程よい透明感が出せる

ラベンダーのお粉はくすみを晴らす効果が絶大ですが、こってりファンデの上から全顔くまなく覆うと白浮きの危険性が。おすすめは、CCクリームやトーンアップ下地で軽めに整えた肌に、ラベンダーのお粉とパウダリーファンデを混ぜてブラシで塗ること。程よくカバーしつつ隠蔽感なく、マイルドな透明感を得られます！

パウダリーファンデ：ラベンダーお粉＝1：2

HOW TO MAKE-UP

パウダリーファンデとラベンダーのお粉を大きめのブラシに1:2で混ぜ取り、頬にポンポンと置いていく。

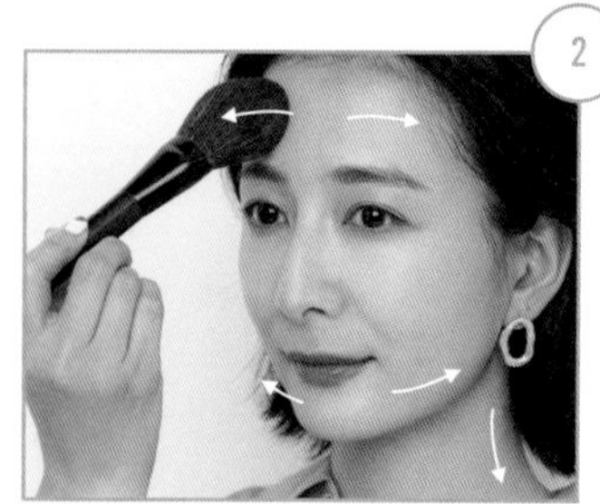

頬以外の部分は、顔の内側から外側へブラシでサッと払い、薄くなじませる。首元にも薄く塗って。

FACE POWDER

大人のフェイスパウダー SELECTION

大人の肌悩みに幅広く対応

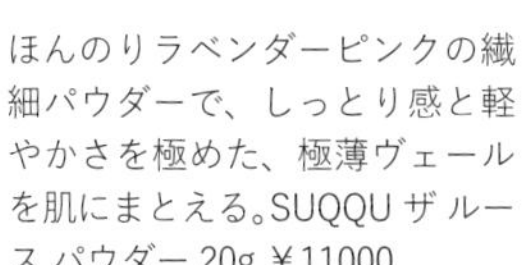

ほんのりラベンダーピンクの繊細パウダーで、しっとり感と軽やかさを極めた、極薄ヴェールを肌にまとえる。SUQQU ザ ルース パウダー 20g ￥11000

4色のミックスで、くすみをカバーし、血色感も透明感も叶う。シルキーなツヤ肌に仕上がる。コスメデコルテ ルース パウダー 101 16g ￥6050

とにかく上質。お粉の常識が変わる！

著しい進化を遂げている！ お粉はぜひ最新アイテムを

お粉大臣として、数えきれないほどのお粉を試してきましたが、マスク生活で、メイクを落ちにくくするものとして改めて脚光を浴びたことも相まって、ここ数年の進化には目を見張るものが！　メイクフィックス力はもちろん、肌のうるおいやツヤ感を透けさせながら美しく見せたり、さらりとシルキーな質感とツヤを両立させたりと、お粉だからこそ表現できる肌が確立されつつあります。お粉に苦手意識がある方ほど、今、お粉の始めどきです！

持て余しがち!? 実は 多色コンシーラーひとつあれば 立体感ベースは思いのまま!

全色使い　　1色使い

ただシミを隠すだけでは もったいない!

「クマにはオレンジ、シミには濃い色」と、コンシーラー単色で**クマやシミを隠せたとしても、周りの肌からは浮いている……。これでは意味がない**ですよね。ひとくちに肌色といっても皆、微妙にトーンが異なるので、複数色が入ったコンシーラーが役立ちます。他にも、輪郭をシェイプしたり、骨格の高さや血色感を引き出したりと、**ポイントメイクとはまた違うアプローチで素っぽい立体感を仕込める**、全色マルチに大活躍するアイテムなんです!

CONCEALER

コンシーラー

マルチな使い方をご紹介！

1

ベージュを混ぜてシミ部分に置く

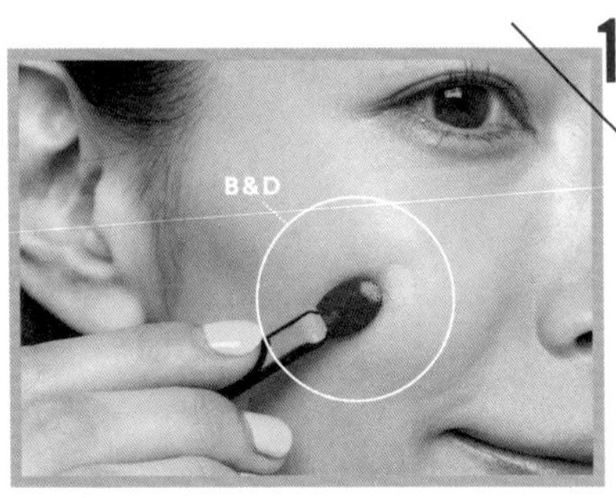

パレットのベージュ（B&D）をアイシャドウのチップで適当に混ぜ取り、シミなどの気になる部分に置く。

2

肌色と一体化するように微調整

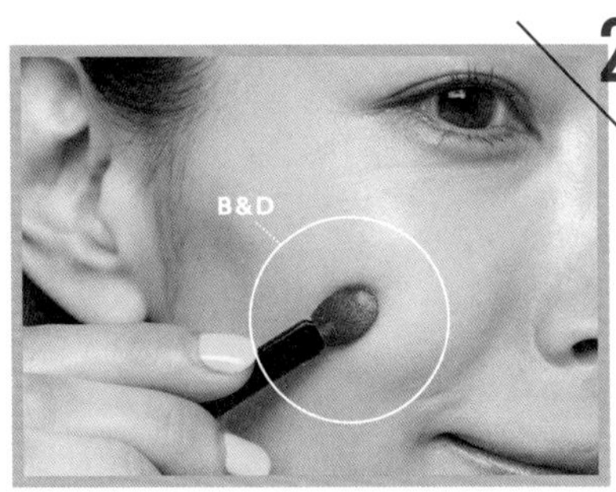

塗った部分がわからなくなるまでBやDを足して明るさや黄色み、ピンクみなどを微調整。肌と一体化させる。

計算し尽くされた4色がセットに

カバー力がありながら、透明感が高く、美しく肌になじむ。長井も長年愛用！　コスメデコルテ トーンパーフェクティング パレット 00 ￥4950

CONCEALER

3 明るいベージュはクマのカバーに

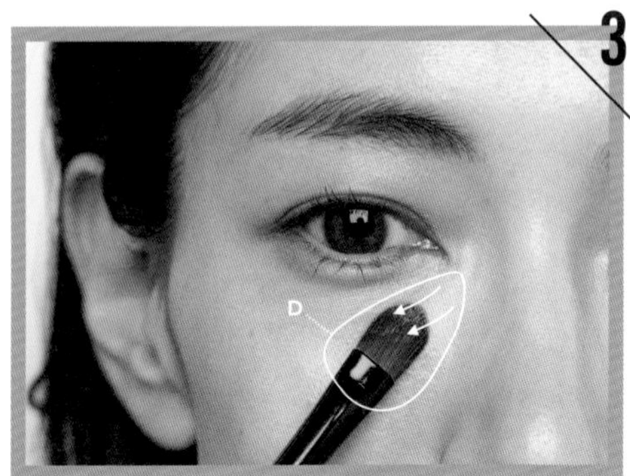

明るめベージュ(D)をブラシで目の下に。斜め下に広げて、一旦、白すぎるくらい明るくする。

4 オレンジでぼかして肌になじませる

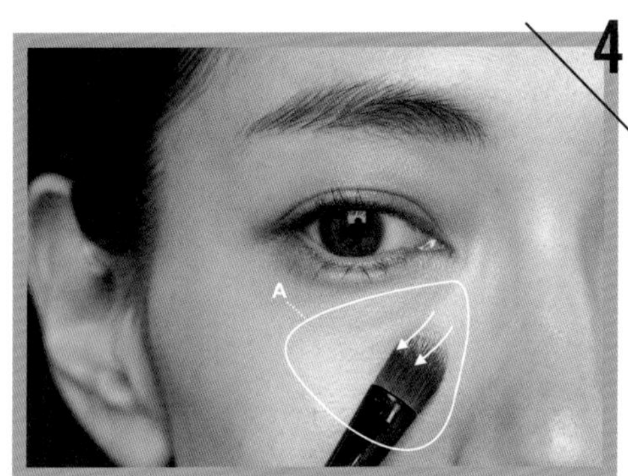

上からオレンジ(A)を重ね、鼻の横くらいまで、広めにのばすと、キレイになじむ。

5 ライトカラーはハイライトとして

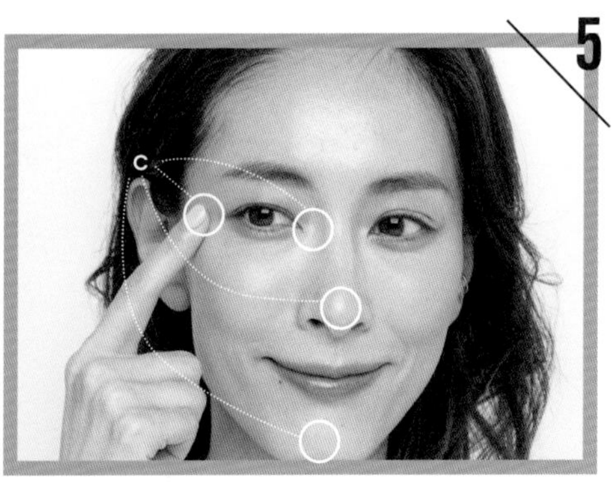

明るい色(C)を目頭や目尻、鼻先、あご先に指でなじませて、ハイライト風に。

6 オレンジはクリームチークにも

オレンジ（A）は血色カラーとしても。カバー力抜群のチーク代わりに頬にスポンジで。上まぶたのくぼみや下まぶたのくすみカバーにも有効。

7 暗めベージュはシェーディングに

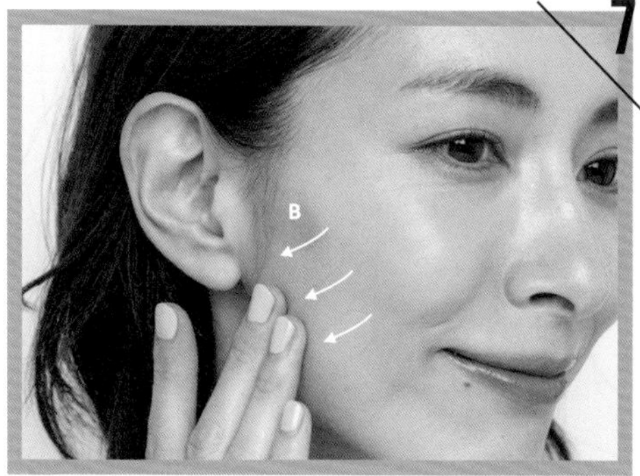

暗めベージュ（B）を指に取り、頬の外側からフェイスラインに向かって指でぼかす。さりげなくシェーディングが仕込める。

眉や唇の仕上げに
明るめコンシーラーが活躍!

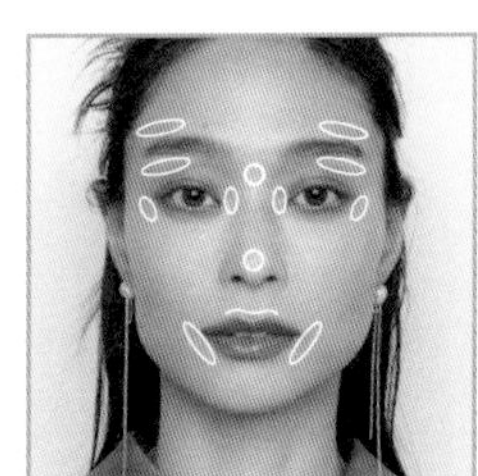

はみ出しを消しながら シャープに整える

眉尻や口元は、眉ペンシルやリップライナーで輪郭線を意識しながら描くより、ラフに描いてコンシーラーではみ出し部分を消すほうが、すっきり整います。自然に骨格を引き立てるハイライトとして目元や鼻筋に仕込むのも効果的です。

HOW TO MAKE-UP

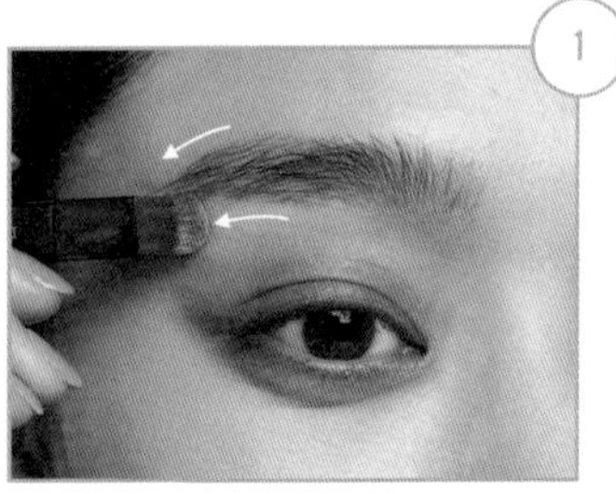

眉を描いた後、明るい色のコンシーラーを眉尻の上下に。眉の輪郭が際立ち、産毛や剃り跡のカバーにも。

唇全体にラフにリップカラーを塗った後唇の山の上は「M」字に、口角下は引き上げライン状にのせて。キリッとした唇に。

長井厳選

CONCEALER

大人のコンシーラー SELECTION

1つで肌悩み全方位フォロー

シミ・クマ・ニキビ跡・色ムラ・毛穴など、様々な肌悩みにマルチに対応する6種のカラーをセット。セルヴォーク シームレス フェイスパレット 01 ￥6490

細かなニュアンス調整まで自在！

微妙な肌色調整や、赤みやくすみのカバー、ハイライト、シェーディングまで多彩に。デイジーク プロコンシーラーパレット 01 ￥3300

持っておくなら4色以上！ブレンド使いが大前提

クマにはリキッドタイプ、シミには固形タイプ……と選ぶのもよいですが、コンシーラーパレットを1つ持っておくのがおすすめです。肌の色は様々なので1色で完璧に肌色とマッチするコンシーラーと出合うことはなかなか難しく、肌の上で複数色混ぜ合わせながら、〝消えた！〟という手応えを得るのが正解。今どきのパレットタイプのコンシーラーは質感も柔らかで、しなやかになじむものが多いので、どんなお悩みにも、フル活用できます。

CONTOURING

令和の基本テク

コントゥアリング編

“ハイライト（光）とシェーディング（影）を用いて
メリハリのある顔に仕立てるコントゥアリング。
顔の影が増えがちな大人こそ、上手に使いこなせば、
顔全体の印象が一気に変わります”

ハイライトは色よりも質感がカギ！
上品に光を集めるなら
光沢少なめ柔らかパウダーを

ふんわりハイライト　　光沢ハイライト

ハイライトは主張をさせず、さりげないツヤ感を

白、パープル、ピンク、ベージュなど、ハイライトは色選びにフォーカスしがち（くすみを払うならパープル、血色感を出すならピンクなど）。でも実は、**大人のハイライト選びで重要なのは、〝質感〟**。テラテラッとした光沢感の強いハイライトは、シワや毛穴、キメの粗さなどを目立たせてしまうことも。また普段使いするにはゴージャスすぎるかも。選ぶなら光沢少なめを。**内側から光がにじみ出るような、自然なツヤ感**でさりげなく仕上げると上品に立体感が出せます。

HIGHLIGHT

ハイライト

最小限で効かせるハイライトののせ方

1 こめかみへ外向きの「C」で

頬骨上からこめかみにかけて外向きでゆるやかな「C」の形にハイライトをのせる。こめかみに「C」で入れるよりシャープに光をプラスできる。

2 目頭のくぼみに「く」の字で

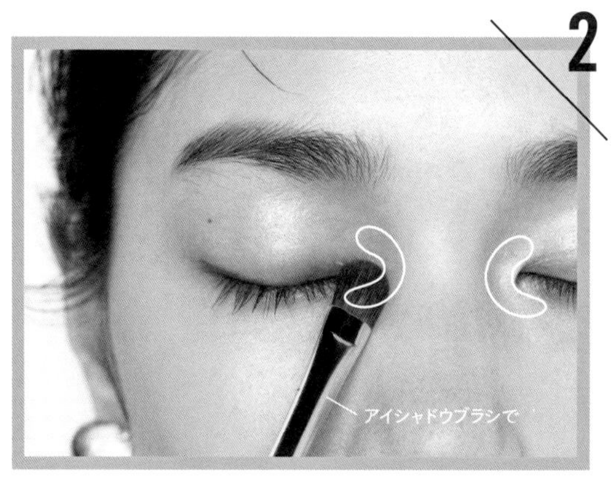

目頭のくぼみに沿って「く」の字を描くようにのせる。目元がパッと明るくなり、立体感もアップ。

濃く・黒くないのに効果的！大人のシェーディングは“効かせ塗り”して

効かせシェーディング　なんとなくシェーディング

最小限で塗って最大限の引き締め感を！

　写真や動画撮影の機会が多い若者たちにとって、シェーディングはマスト。私自身も実感していますが、**やっぱりシェーディングをするとすっきり見える**。だから、大人こそシェーディングを上手に取り入れましょう。ポイントは〝きちんと効かせること〟。もちろん、「横顔が茶色い!?」なんて、ギョッとするような入れ方ではなく、メイクの一部としてなじむ範囲で。**最小限だけど最大限の効果を発揮**する入れ方をご紹介します！

SHADING

シェーディング

ちょこちょこ塗りを覚えよう

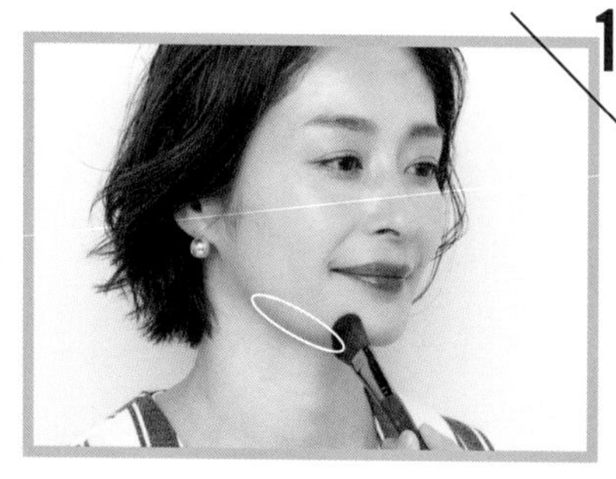

1 フェイスラインの骨に沿って塗る

シェーディングパウダーをフェイスラインの骨に沿って。あご先とエラには塗らないで。

2 生え際に影を足す

生え際の隙間を埋めるようにパウダーをのせる。おでこの形を丸く整えるイメージで。

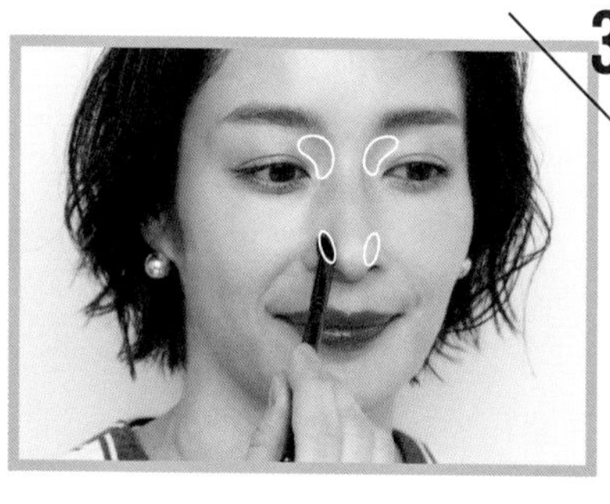

3 眉頭下と鼻先のくぼみに影をプラス

眉頭下のくぼみと、小鼻と鼻先の間のくぼみに影を足す。目元に奥行き感が出て、鼻もコンパクトに。

削げ感なく、さりげなく輪郭を引き締めるなら“33シェード”がおすすめです！

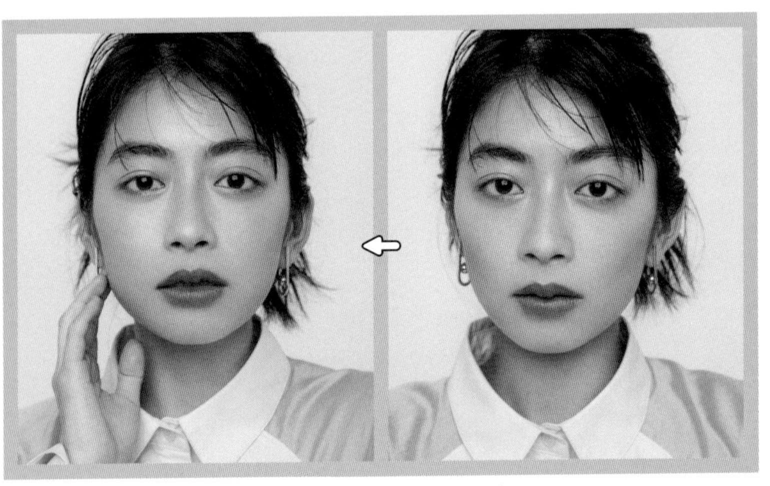

33シェード　　げっそりシェード

ふっくら感は活かしながらゆるみ部分にだけ影を

「ゆるみがちなフェイスラインをシャープに整えたい」と同時に「削げ感なくふっくら見せたい」という、相反するようなお悩みを持っている方、多いのでは？　一般的な、あご先とこめかみを結んだラインの外側全体に入れるシェーディングは、げっそりとした印象になる場合も。そこでおすすめなのが、**さりげなくフェイスラインをすっきり見せ、かつ頬のふっくら感を保てる33シェード**。陰影とナチュラルさを両立させながら、輪郭を整えられます。

SHADING

シェーディング

“33シェード”の塗り方はこちら

1 こめかみから頬骨の端へ

ブラシにシェーディングパウダーを取り、こめかみから頬骨の端をめがけて、ゆるやかな曲線状に塗っていく。

2 「ほー」と言いながら、頬骨下へ

「ほー」と口をすぼめたときに頬のくぼむ部分へブラシをすべらせる。その後、フェイスラインへ折り返す。

3 フェイスラインからあご先へ「3」字に

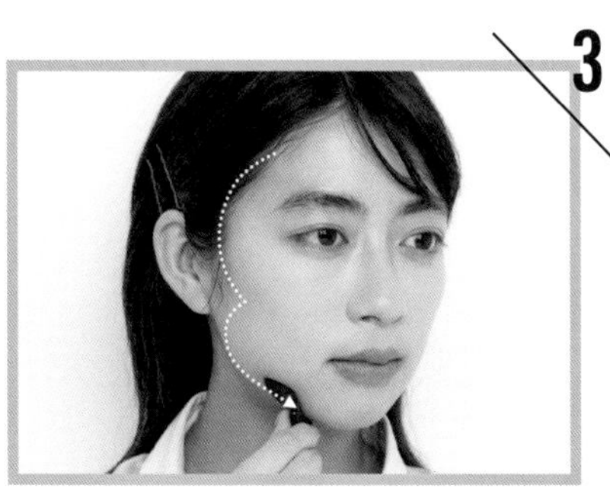

フェイスラインへ戻ったら、あご先へとブラシを払い、反対側も同様に。両頬に向かい合う「3」を描くから「33シェード」！

鼻筋横に影を入れなくても、
鼻はすっと高く見える！

目頭の影で、彫り深風に！

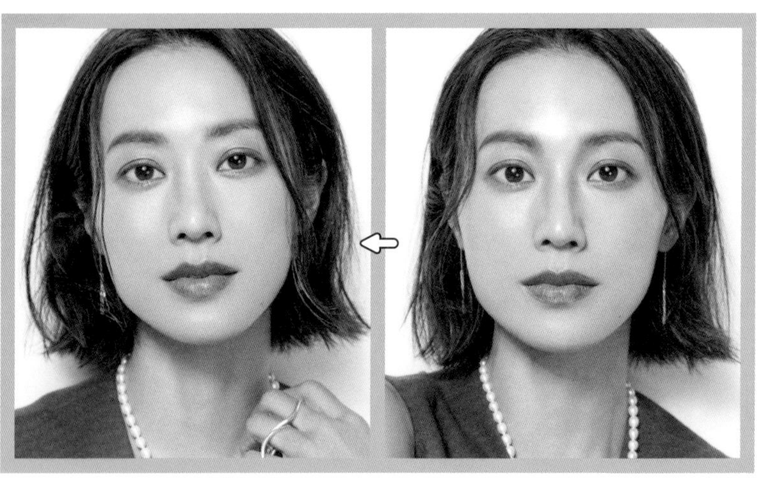

長井流・鼻高メイク　　従来の鼻高メイク

目頭にラインを足すと鼻を高く見せられる

鼻を高く見せるには、「Tゾーンにハイライトをのせて、眉頭から鼻筋の横にシャドウ」というのが一般的。でも大きくT字にハイライトを入れると鼻筋が太く見えることも。だからツンとした鼻風にメイクをするなら、**ピンポイントで細く**。ノーズシャドウで顔の中心である鼻筋横を暗くするよりも、**グレージュのアイライナーで目頭に「く」の字を**。目と目の距離が近づいた印象になるので、彫りが深くなり、自然と鼻が高く見えるんです。

SHADING

シェーディング

長井流・鼻高メイクはこちら！

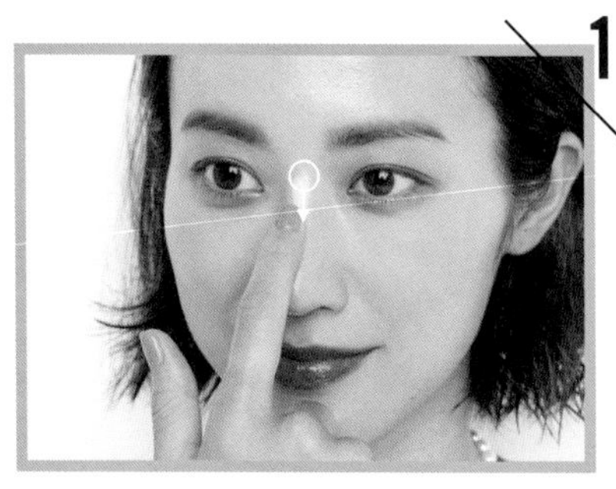

1 鼻根に明るいコンシーラーを

眉間の凹みの部分（＝鼻根）に明るい色のコンシーラーを点で置き、下向きに細く短くぼかす。

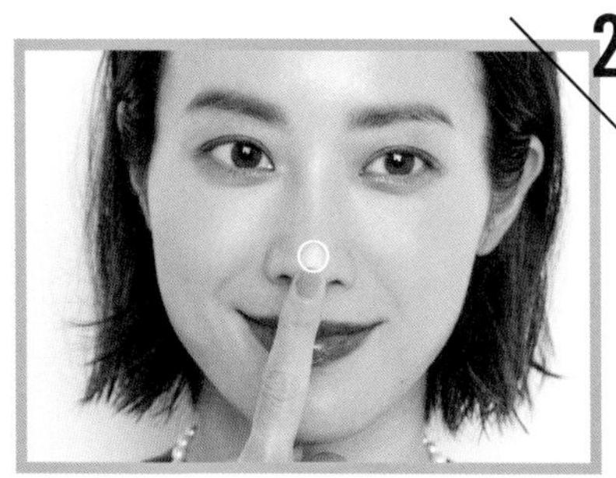

2 鼻の先端にもコンシーラーを

同じコンシーラーを鼻の先端にちょんっと1点置く。その場にたたき込むように指でぼかす。

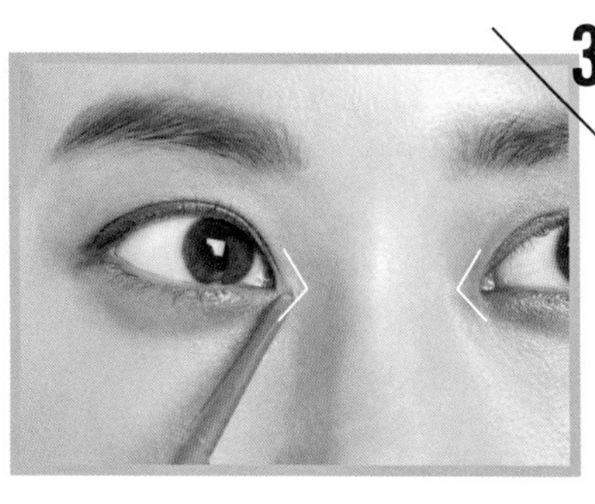

3 目頭にグレージュで「く」の字を描く

グレージュのジェルアイライナーで目頭に「く」の字のラインを描く。ほんのり陰影がつく程度でOK。

長井厳選

CONTOURING

大人のコントゥアリング SELECTION

きめ細かくて透け感のある3色のシェーディングパウダーが自然な陰影を演出。ヴィセ シェード トリック BR300 ¥1760(編集部調べ)

ギラつかず上品な光

ハイライト

肌なじみのいいシャンパンカラーが、ムラなくフィットし、美しく発色。ポール & ジョー ボーテ プレスト ブラッシュ 01 ¥3850(セット価格)

目元に透明感と抜け感を与えるグレージュで、影色仕込みにも活躍! セザンヌ ジェルアイライナー 70 ¥550

目立たないのに効く! 肌なじみのよさが重要

大人のハイライトは、上から光を足すより、内側からにじむツヤ感を仕込むくらいが上品でキレイ。真っ白なものより、程よく黄みや血色感のあるもののほうが肌なじみよく自然に使えます。一方シェーディングは、複数色をブレンドでき、黄みが強すぎないブラウンを。通常のメイクにも活躍するグレージュのアイライナーは、ピンポイントに影を足すのに最適です。いずれも、周囲に悟られない程度のさりげなさで、かつ効果的に仕込みましょうね!

COLUMN

このテク、私もやってます〜！

PART.1

ご紹介してきたテクニックの効果をYouTubeでも解説しているので、ぜひチェックを。

美肌ゾーン盛り

ベースメイク編でご紹介した「美肌ゾーン」。ここを手厚く塗ると、顔全体が整った印象に見える！ というのを長井の顔で実証。こんなに!? というくらいの量を重ねてもどんどんキレイになるという奇跡。モデルさんのメイクにも自分メイクにも、美肌ゾーン盛りは欠かさずやっています。

『【ファンデの塗り方】自分史上１番キレイに盛れる！ファンデーションの塗り方！ 10代から70代、80代まで使える超鉄板・王道テク　みんなここだけ塗ればOKよ！！！ 【美肌ベースメイク】』より

新型の薄眉

白みベージュの眉マスカラを眉メイクの最初に塗るという、新考案のベージュ眉を大発表！　眉の毛質に応じた眉マスカラ選びにも踏み込んで解説しました。以来、私も薄眉派！　ご覧になった方からも「一発で成功した！」と反響がとても大きかったです。

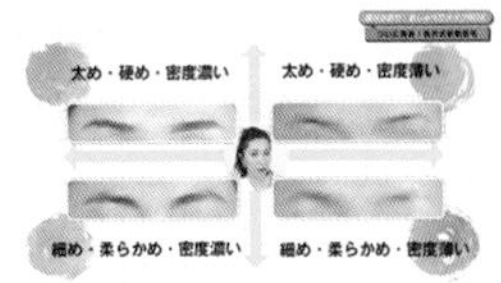

『【眉毛の描き方】大人にこそやってほしい！これが若返り眉だ！かんたん2STEP！長井かおりが研究を重ねた新・定番の「若返り眉」！みんなやってみて！！！ 【眉マスカラ・アイブロウ】』より

EYE MAKE-UP

令和の基本テク

アイメイク編

“盛る”といえばアイメイク。ですが、盛り方も今や、
変化しつつあります。新しいアイラインやマスカラテクを、
1章でご紹介したアイシャドウの塗り方と組み合わせると、
さらに盛れて映えて、あか抜けます！

大人のアイラインは
笑いジワまで考慮して
長すぎ!?くらい大胆に!

目尻長めアイライン　　目幅アイライン

アイラインの長さの基準は真顔ではなく、笑顔!

上の写真はアイラインの〝長さ〟以外、まったく同じメイク。年齢を重ねると、どうしてもまぶたがたるみがちで、「アイラインが上手に引けない」と悩む方も多いかもしれません。でも**大人のアイラインは、美しく引くことよりも、ちゃんと見えるかどうかのほうが重要!** ポイントは〝笑顔でも見えるほど長く引く〟こと。笑ったり悲しんだり、おしゃべりしたり……。**自分らしい豊かな表情にマッチするアイラインを楽しみましょう!**

EYE LINE

アイライン

大人の"長め"アイラインの引き方

目尻の先に長めラインを

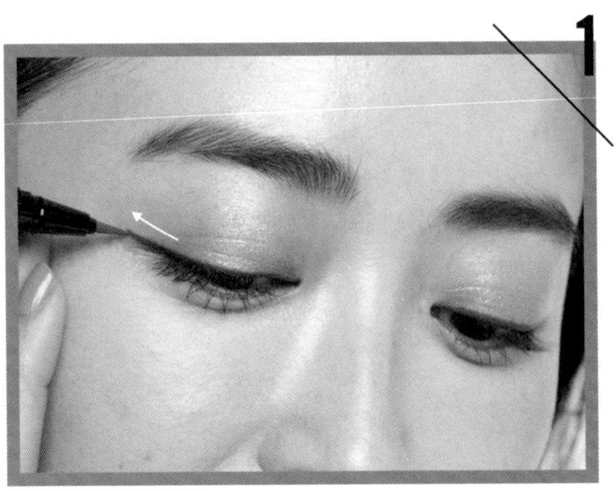

目を伏せて、目頭から目尻に向かってアイラインを引いたら、目の形に沿って、目尻のラインを延長する。

ニコッと笑い、長さを確認！

鏡の前で笑顔を作って長さを確認。笑顔でも見えるくらい、目尻のアイラインをすっと伸ばす。

ちなみに ▶ 黒のアイライナーは **スタンプ塗りを！**

HOW TO MAKE-UP

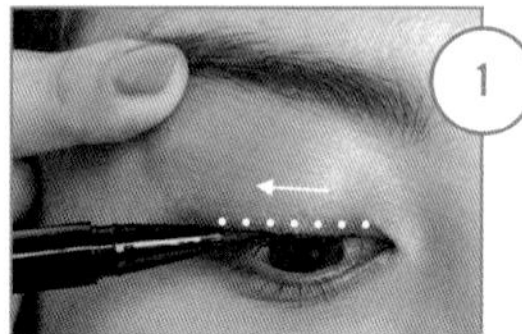

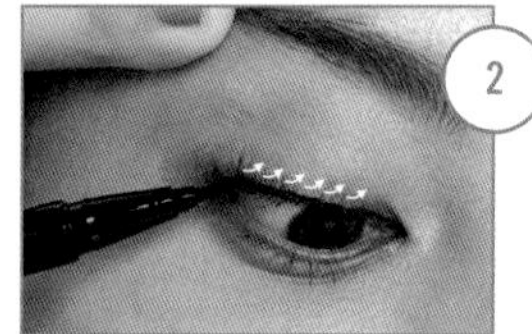

ラインを主張させず目元を際立たせて

目元の引き締め力抜群の黒のリキッドアイライナー。今使うなら、筆先で描くキャットラインではなく、筆側面でじゅわっとスタンプ塗りを。まつ毛の隙間を黒で埋めると、自然に目元がくっきり！

①黒のリキッドアイライナーを寝かせ、目の形に沿ってまつ毛の上に点を打つ。②まつ毛の下から上へ、①の点同士を結び、隙間を埋める。

ちなみに ▶ 第3の定番色、**グレージュがおすすめ！**

HOW TO MAKE-UP

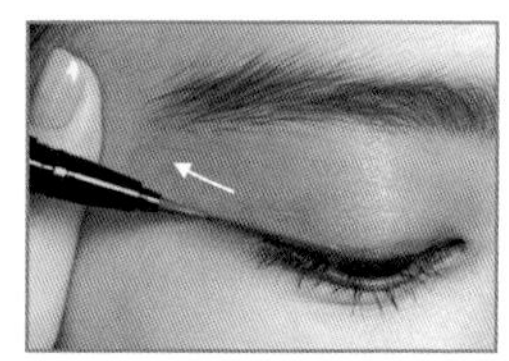

引き締まるし、涼しげにあか抜ける

くっきり引き締まる黒、柔らかさが出る茶色、そして程よく引き締まり、透明感と抜け感を出せるのが“グレージュ”のアイライナー！　アイラインの色を変えるだけでいつものメイクが一気にあか抜けます。

まつ毛の上の、目頭から目尻にグレージュでアイラインを引く。目尻を軽く引っ張りながら、すっとラインを延長する。

EYE LINE

大人のアイライナー SELECTION

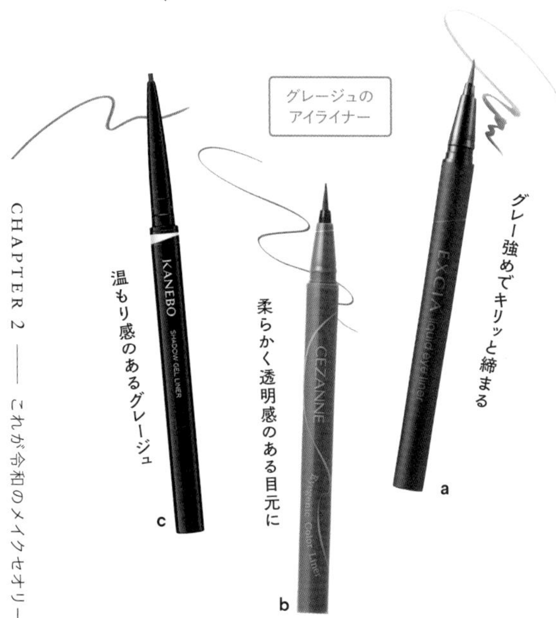

a 透け感のあるグレージュで、速乾性に優れ、にじまず美しいラインをキープ。アルビオン エクシア リクイッド アイライナー GR70 ￥4400　**b** 肌にも瞳にもなじみ、透明感を引き出す絶妙グレージュ。セザンヌ アイジェニックカラーライナー 10 ￥891　**c** まつ毛の影になりすます影色グレージュ。なめらかに描ける極細のジェルペンタイプ。カネボウインターナショナルDiv. KANEBO シャドウジェルライナー SG2 ￥3520

グレージュライナーは1本持っていて損なし！

大人のまぶたへの描きやすさで言うと、リキッドタイプか、柔らかいジェルタイプのアイライナーがおすすめ。黒や茶色などベーシックなものから、アクセントにもなるカラーライナーまで選択肢はありますが、スタメンに加えるなら、グレーのクールさとベージュの柔らかさを兼ね備えた〝グレージュ〟がおすすめ。アイシャドウの色を問わず使え、引き締め感もありつつ一気にあか抜けるのに、飽きのこない万能カラーです。

やっぱりまつ毛は上げていこう！
大人がまつ毛を盛るなら
オレンジみの茶マスカラを！

上がり茶盛りまつ毛　上がり黒まつ毛　下がり黒まつ毛

まつ毛をしっかり上げつつやりすぎ感なく仕上げて

こげ茶マスカラの定番化、まつ毛を上げない、カラーマスカラ……など、トレンドが変遷する〝まつ毛〟ですが、まぶたが重くなりがちな大人は、やっぱりまつ毛は上げるべき。そして、まつ毛に長さや太さを出したほうが華やかです。でも、ぱっちり上がった黒まつ毛はやりすぎ感が……。そこでおすすめなのが、茶色のマスカラの中でも**オレンジみのあるブラウン**。**重ね塗りしても暗く沈まず、軽やかに華やかさを盛れる**ので、大人の盛りまつ毛に最適です。

EYELASH

まつ毛

大人の盛りまつ毛の作り方

1 アイラッシュカーラーでまつ毛を上げる

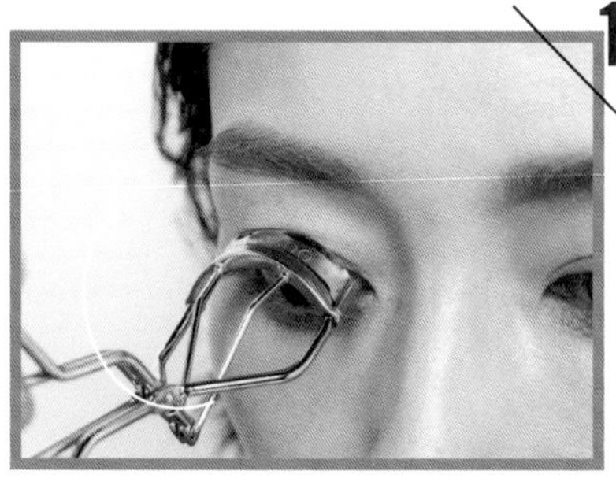

アイラッシュカーラーでまつ毛の根元を挟む。手首を返しながら毛先まで少しずつ挟み、根元からぱちっと上げる。

2 上まつ毛両面にたっぷり塗る

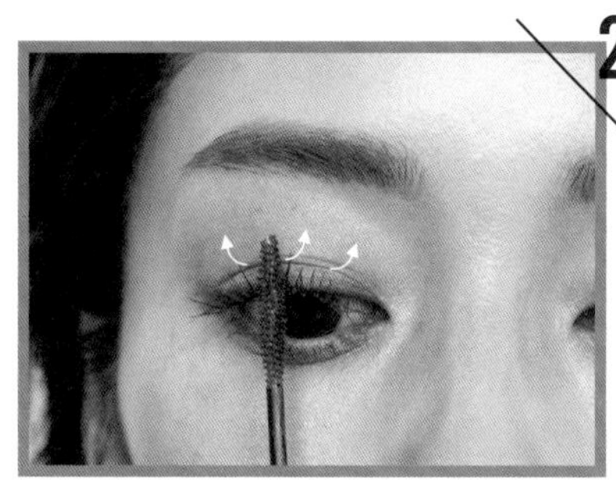

オレンジみブラウンのマスカラを上まつ毛の両面の根元にたっぷりつけ、毛先までのばす。液を足し、ブラシを縦にして整える。

3 下まつ毛にもまんべんなく塗る

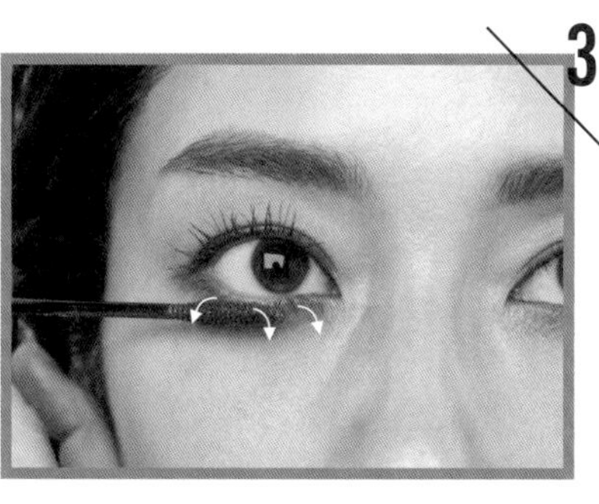

ブラシを横にして下まつ毛の根元から毛先へ。その後、ブラシを縦にしてまつ毛を１本ずつ整えていく。

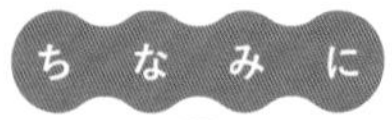

下まつ毛を盛ると中顔面短縮にも!

華やかさが増し、小顔見せが叶う

丁寧にメイクをすれば誰でも等しく“盛れる”下まつ毛は、目の下から唇までのいわゆる“中顔面”をコンパクトに見せる上でも注目のパーツ！　下まつ毛に下地を塗るひと手間で、断然まつ毛が長くなり、マスカラのもちもアップ。

HOW TO MAKE-UP

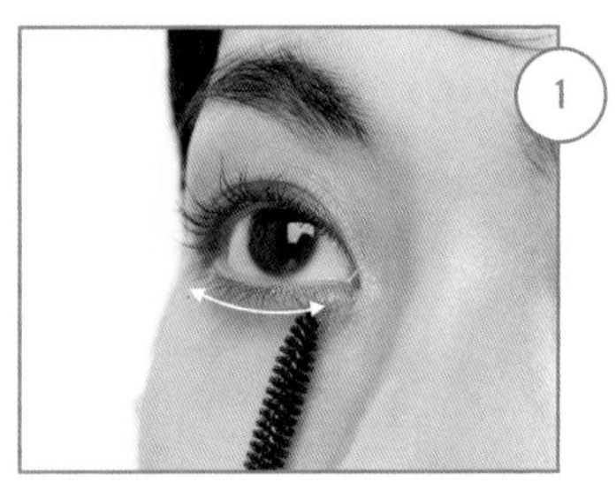

マスカラ下地のブラシを縦にして、振り子のように動かしながら下まつ毛全体に薄くなじませる。

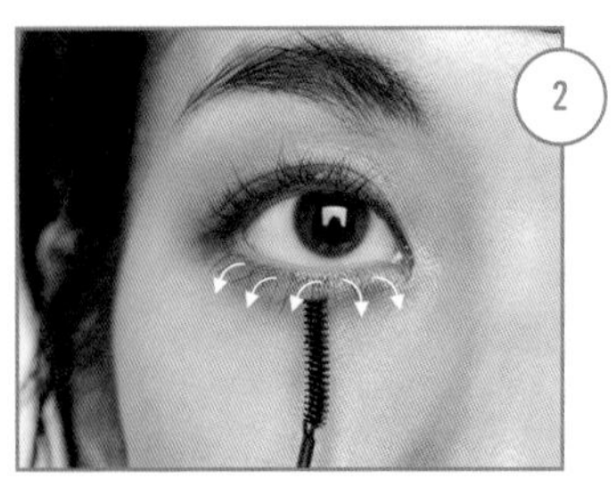

マスカラは極細タイプがおすすめ。ブラシを立てて振り子の動きで2～3度重ね塗りしてから、下方向に整える。

大人のカラーマスカラは上まつ毛だけに！

上は色、下は黒で程よいさじ加減に

鮮やかなカラーマスカラをカールしたまつ毛にたっぷり塗ると、大人にはやりすぎ感が。だからカラーマスカラの日はまつ毛は上げず、上はカラーで下は黒に。上下まつ毛の塗り分けで程よくカラーニュアンスのある目元に仕上がります。

HOW TO MAKE-UP

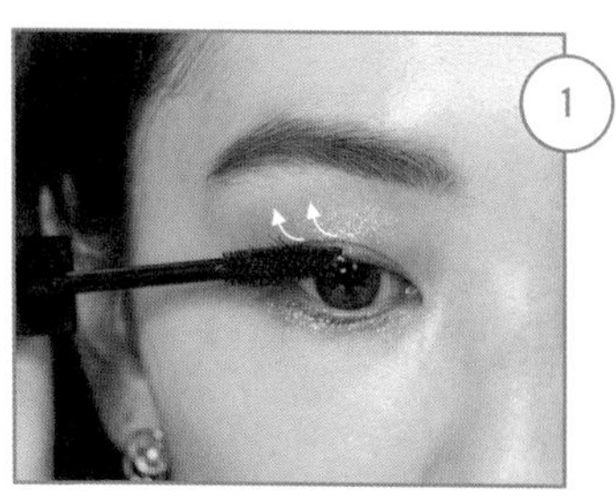

まつ毛は上げなくてOK。カラーマスカラを上まつ毛の両面、根元から毛先へ塗り、まつ毛全体をコート。

下まつ毛には黒のマスカラを。ブラシを縦にして1本1本丁寧に塗る。太くならないよう、さらっとでOK。

長井厳選

EYELASH

大人のマスカラ SELECTION

a メタリックなツヤと輝きのブロンズブラウン。根元からリフトアップしたまつ毛に。ウズ バイ フローフシ モテマスカラ コッパー ￥1980 **b** 根元からばちっと上がったロングまつ毛に。抜け感の出るオレンジみのあるブラウン。メイベリン スカイハイ 02 たそがれブラウン ￥1639（編集部調べ） **c** 極細のミニブラシが、細くて短い下まつ毛も逃さずキャッチして、目元に自然な存在感をプラス。イミュ デジャヴュ ラッシュアップE ブラック ￥1320

黒やこげ茶感覚でオレンジみブラウンを活用！

大人の理想のまつ毛は、〝ぱちっとカールでまぶたまで引き上げつつ、目元を繊細に華やかに見せられる〟まつ毛。ですが黒やこげ茶のマスカラを使うと、やりすぎ感が出る場合も。大人が上品にまつ毛を盛るなら、茶色のマスカラの中でもオレンジに近い色のものを。重ね塗りしても、ぼてっと重たくならず、かつ華やか。ぜひこげ茶や黒のマスカラを使う感覚で1本どうぞ。下まつ毛をはじめ、繊細にまつ毛を盛りたい場合は、黒の極細マスカラもおすすめです。

COLUMN

このテク、私もやってます〜！

PART.2

ご紹介してきたテクニックの効果を
YouTubeでも解説しているので、
ぜひチェックを。

涙袋メイク大検証

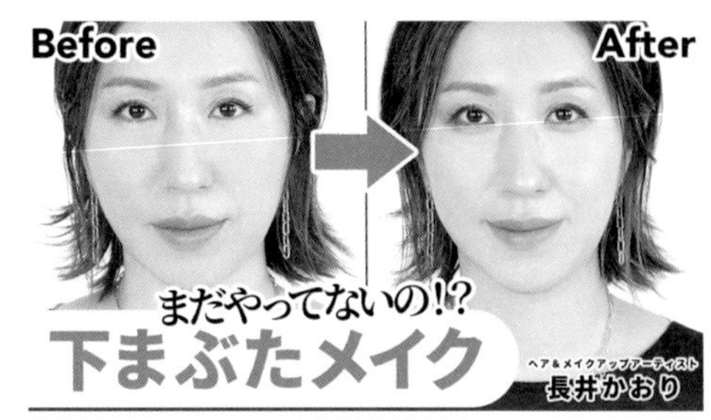

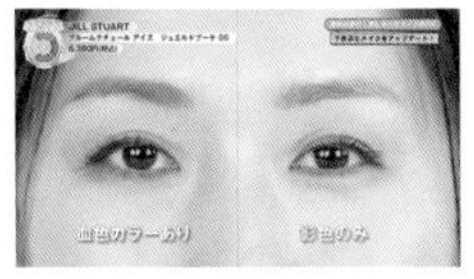

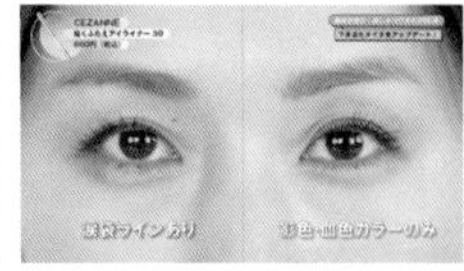

「涙袋メイク、かなり目元が盛れるし、大人が取り入れても素敵よ！」というのを徹底検証。目の下は白くキレイに整えるのがセオリーでしたが、涙袋をメイクすると、デカ目力がスゴイ！　若者向けと思いきや、大人こそ取り入れたいテクニックなんです。もちろん私も普段から、涙袋メイクは欠かしません！

『【下まぶたメイク】大人こそ全員やって〜！下まぶた！！！効率よく目ヂカラを出すにはまず下まぶたからなの！まだやるのが怖い・・・そんな人のための簡単3ステップ教えます』より

大人の中顔面短縮

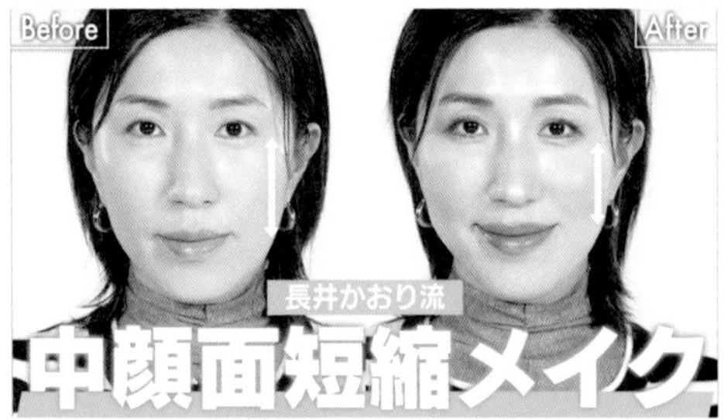

私の、のぺーっと間延びしたBeforeの顔と、あれこれ中顔面短縮テクを駆使した顔との比較で反響が大きかった動画のひとつ。下まぶたメイクや、オーバーリップ、チークなど、“いつもの長井さん”に変身するまでに、私も色々仕込んでいるんですよ〜！　こんなに変わるなら、メイクを頑張れる気がしませんか!?

『【中顔面短縮】メイクで小顔に！頬を短く・人中を短く・面長を解消するプロのテクニックを紹介します！【小顔メイク】』より

CHEEK/LIP/HAIR

令和の基本テク

チーク、リップ、ヘア編

“血色カラーを頬に、唇に。それは昔から変わらないけれど色選びや塗り方をひと工夫すると、今の自分に似合うチーク、リップが見つかります。てっとり早くしゃれ見えが叶うヘアスタイリングのコツも合わせてご紹介します”

大人のチーク成功のコツは“くすみカラーを薄く広く”！

“ハート塗り”なら自然になじむ！

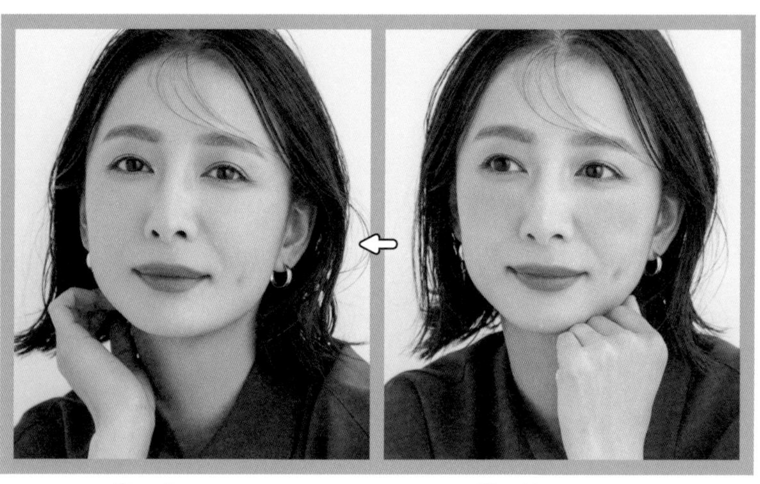

薄く広いチーク　濃く狭いチーク

大人肌にはむしろくすみカラーが映える！

今、大人がチークを塗るなら、鮮やかなピンクやオレンジよりも**曖昧なベージュトーンで少しくすんだ血色カラーがおすすめ**です。くすみ感があるほうが大人肌に自然になじみ、上手にチークを使いこなせますよ。そしてもう一つ重要なのが、頬骨に沿うようなハート形にのせたあと、薄〜く広範囲にのばすこと。**境目がわからないくらい薄く、肌色の延長でほんのり血色を感じるくらい**になじませると顔の余白感も目立たなくなります。

CHEEK

チーク

“ハート塗り”をマスターしよう

1 頬の高い位置にハート形を

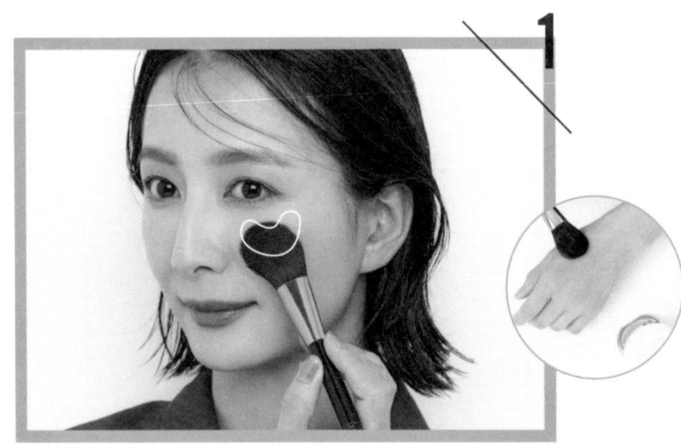

チークをブラシに取り、手の甲でなじませたら、頬の高い位置にハート形に置く。

2 ハートを拡大していく

ハートを少しずつ広げて、最初のハートの3倍の大きさまでぼかし、チークの境目がわからないように。

チークブラシは“側面塗り”で!

ブラシ先端を垂直に当てると濃くついてしまう

「チークが濃く、くっきりついてしまう」……その原因はブラシの当て方にあるかも。毛足が長く、軸が平べったいブラシは実は側面を使うのが正解。ブラシ側面でパウダーを取って優しく塗ると、広い範囲に柔らかく広げることができます。

a 柔らかな肌当たりでフィットし、チークを美しく仕上げる。プロフェッショナルにも選ばれる逸品。イプサ ブラッシュ L ￥4180 **b** 極細毛を贅沢に用いた心地よく柔らかな肌当たりで、美しい仕上がりを叶える。コスメデコルテ ブラッシュ ブラシ ￥4400

CHEEK

長井厳選

大人のチーク SELECTION

くすみピンクチーク

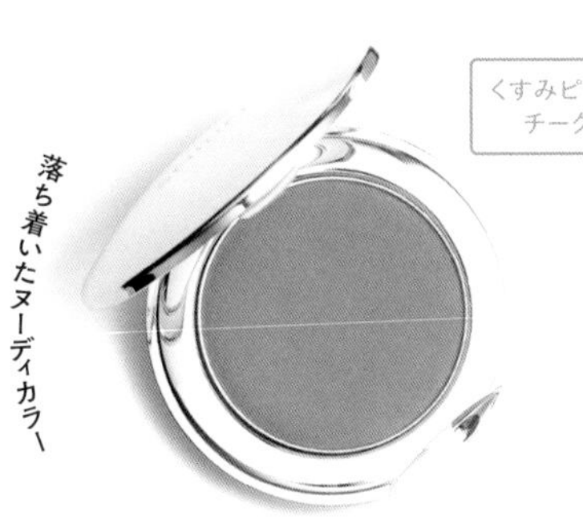

落ち着いたヌーディカラー

素肌に溶け込むような繊細な発色で、自然に立体感まで演出できるピンクブラウン。スナイデル ビューティ スキン グロウ ブラッシュ 02 ￥3300

透明感のある血色感を演出

密着度が高く、内側からにじみ出るような血色感を演出。赤みのあるブラウンカラーでしゃれ感も抜群。セザンヌ チークブラッシュ 02 ￥550

程よいくすみ感のある溶け込みチークを選ぼう

ピンクやオレンジといった鮮やかで明るい色ももちろん素敵ですが、肌のくすみが気になるという大人にこそ、くすみカラーのチークがおすすめ。「余計にくすみそう」と思いきや、くすみのないクリアカラーを塗ったほうが肌とのコントラストでくすみが目立つ恐れが。

ベージュっぽいくすみ感と、柔らかな血色感が混じった色の、しっとり肌に溶け込むようになじむパウダータイプがおすすめです。

大人の唇はちょい オーバーリップくらいがいい。 リップライナー仕込みを習慣に！

リップライナーあり　　リップライナーなし

リップライナーは リップカラーの前に使おう

「リップライナーで唇の輪郭をくっきりさせると老けて見える」なんて説もありましたが、リップライナーは、**年齢とともに目立つ顔の余白や、人中を短く見せる**ためのマストアイテム。そこで注目したいのが唇の色になじむリップライナー！　**リップライナーはリップカラーの〝後〟ではなく〝先〟に使うのが正解。**素の唇の色と一体化するローズベージュを選べば、**元々唇がふっくらしていたように自然。**リップライナーなしより、小顔にも見えるはず。

LIP COLOR

リップカラー

リップライナーの仕込み方

1 上唇だけはみ出して描く

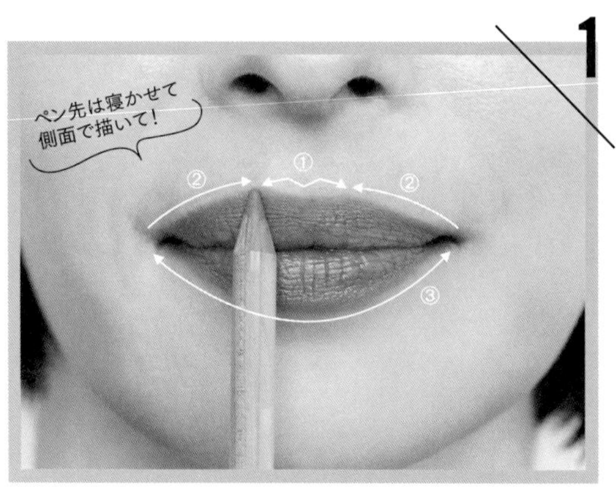

素の上唇をひと回り大きくするイメージでリップライナーで唇の山を「M」字になぞる①。左右の口角から唇の山へ向かってライン②をつなげたら、下唇は輪郭③をそっとなぞる。

2 リップカラーを重ねる

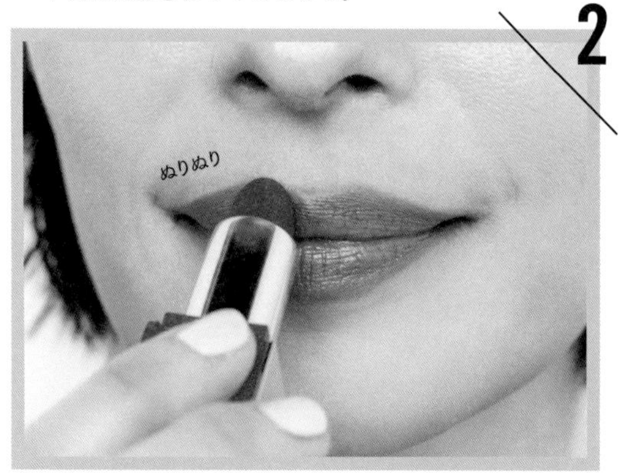

リップライナーの部分も含め、リップカラーを直塗りしたら、上下の唇をこすり合わせてなじませる。

ツヤぷる！ うるおい感を活かしてグロスを使いこなすのにも

リップライナーが活躍します！

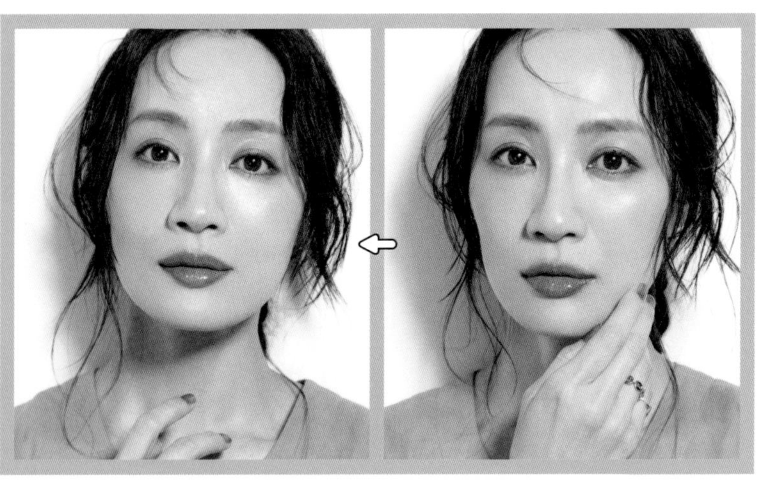

リップライナーあり　　リップライナーなし

「天ぷら食べた？」感なくうるおいリップを楽しもう

たまには、ぷるっとみずみずしい、グロスルージュを楽しみたい！ そんなときもリップライナーが活躍します。グロスルージュだけ塗った唇（右上写真）と、リップライナーを仕込んでから同じグロスを重ねた唇（左上写真）。比べてみると、**ぷっくり感はそのままに、リップライナーを仕込んだほうが清潔感があり、上品な雰囲気**になっていませんか。素の唇になりすますリップライナーを使えば、たとえ透け透けのグロスを重ねようとも、違和感なしです！

LIP COLOR

リップカラー

引き締まったツヤリップの作り方

1

輪郭を囲み全体にのばす

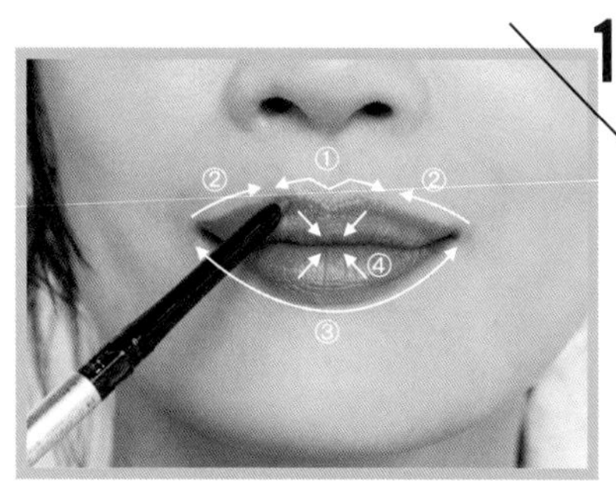

素の唇に近い色のリップライナーで、唇の輪郭全体をなぞる(①〜③)。その後唇の内側へとなじませる(④)。

2

グロスルージュを唇の中央に

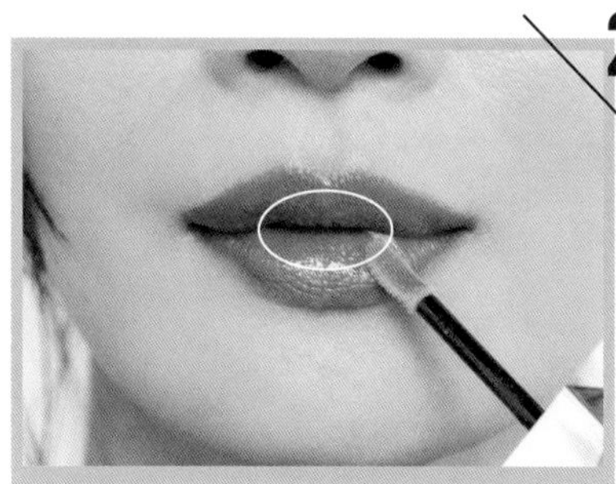

グロスは唇の中央にだけたっぷりのせる。輪郭にはのせなくてOK。

3

唇を合わせてなじませる

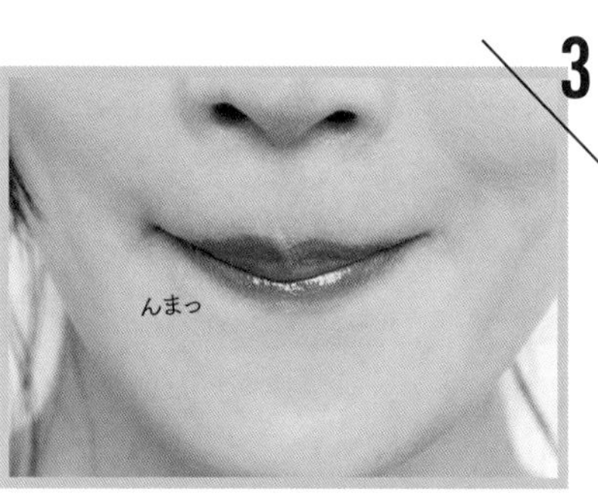

上下の唇を合わせて全体になじませる。綿棒ではみ出たグロスを拭き取りながら輪郭をぼかすと自然に。

くっきりマットリップの 発色を自在に調整できる！

薄づきなら“側面塗り”を

発色20％（側面塗り）　発色100％（先端塗り）

まったく同じリップでも塗り方で印象が変わる！

上の2枚の写真、使っているコスメはまったく同じ。**こっくり色づく硬めでマットなリップスティックの塗り方を変えただけ**です。リップを立てて、先端で唇に塗る一般的な塗り方から、リップを寝かせて側面で、まるで歯磨きするように優しくさする塗り方に変えると、発色が100％→20％くらいにトーンダウン。すると、**リップ本来の色のニュアンスは活かしながらシアーな仕上がりが叶います。**「このリップ難しいかも」と思ったらぜひ一度お試しを！

LIP COLOR

リップカラー

リップの側面塗りのやり方

1

リップ側面で優しくさする

長めに繰り出す

唇の上で歯磨きをするように、長めに繰り出したリップの側面を唇に当てて、力を抜き、優しくさするように塗る。

2

上下の唇を合わせてなじませる

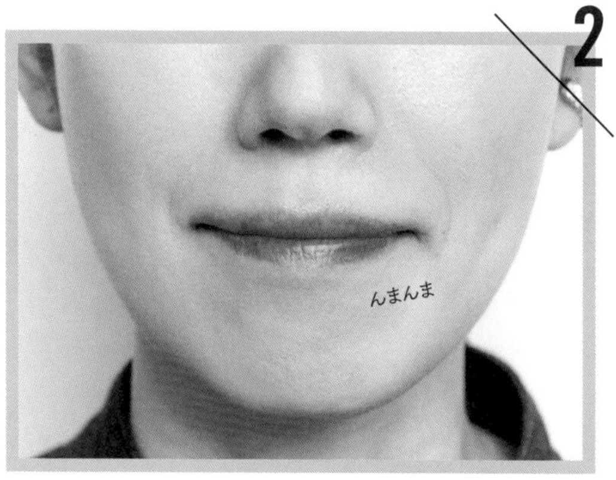

唇全体にうっすら塗れたら、上下の唇を「んまんま」と合わせてなじませる。

ツヤ肌仕上げの日こそ
リップの質感がしゃれ感のカギに！

ツヤ肌にはセミマットリップを！

ツヤ肌×セミマットリップ　　ツヤ肌×ツヤリップ

ツヤ肌の日はリップで質感を引き算して

うるおいやハリ、透明感を感じさせる「ツヤ」は、大人の強い味方。ですが、「肌も目元も唇も、全部ツヤ！」という方、ツヤの良さを打ち消し合っているかも⁉ 右上の写真はツヤ肌にツヤリップを、左上の写真はツヤ肌にセミマットなリップを合わせました。**肌とリップの質感を変えたほうが、肌のツヤ感が上品に引き立ちます。**これぞ〝質感の引き算メイク〟！ 肌にツヤがあるとマットリップも乾いた印象にならず、おしゃれに仕上がりますよ。

LIP COLOR

リップカラー

セミマットリップを作るコツ

1

唇の油分などをオフ

ティッシュを唇に優しく当て、ファンデーションやリップクリームなどの油分やぬめりを取る。

2

リップは短く繰り出して塗る

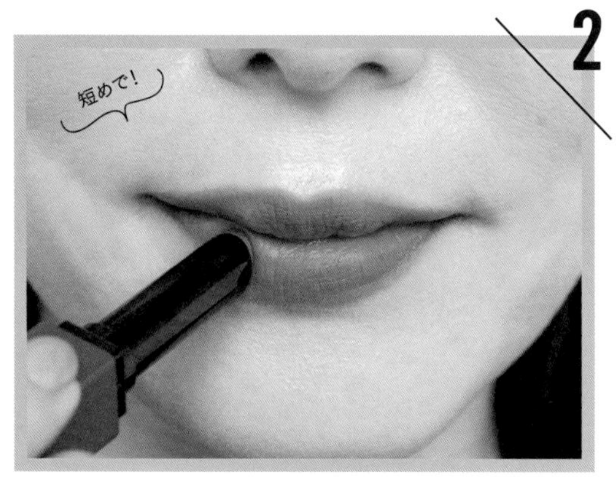

リップスティックを短めに繰り出し、普段よりもやや力を込め、唇に密着させながら直塗りする。

赤リップこそ、こまめに**アップデートを**

モーヴ赤リップ

◁

朱赤リップ

主役カラーだからこそトレンド感が大切

“赤リップ”は、「普遍的」「時代を問わない」なんてイメージがあるかもしれませんがそうとは限りません。実はピンクやベージュより、赤こそトレンドを取り入れると新しさを演出できます。かつての朱赤から青くくすんだモーヴ赤へ。そして次はグレイッシュな赤がトレンドの予感。ぜひ、赤こそどんどん更新を。

みずみずしく美発色！

唇に溶け込むようになじんで、冴えた発色とツヤ感が続く。シックで上品なモーヴレッド。エレガンス ルージュ クラジュール 07 ￥4180

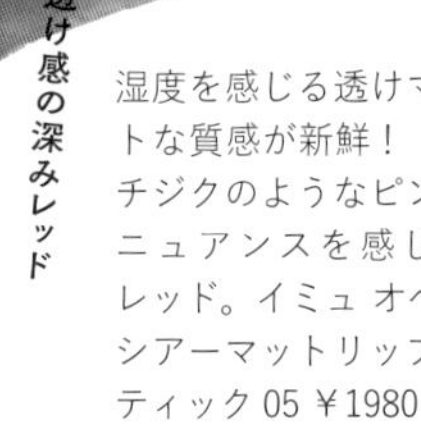

マット×透け感の深みレッド

湿度を感じる透けマットな質感が新鮮！　イチジクのようなピンクニュアンスを感じるレッド。イミュ オペラ シアーマットリップスティック 05 ￥1980

長井厳選

LIP COLOR

大人のリップライナー SELECTION

密着感があり唇と一体化！

するすると描きやすい！

なめらかな描き心地で、美発色が続く。ヌーディに仕上がるローズベージュ。リンメル　ラスティング　フィニッシュ　エグザジェレート　リップライナー 018 ￥880

唇の縦ジワに入りにくく、リップスティックの持ちもアップ。濃密な発色のロージーヌードベージュ。ディオール　ルージュ ディオール コントゥール 100 ￥3740

口紅の色ではなく素の唇に近い色のものを選ぼう

唇をふっくら見せて小顔に見せたり、きりっと上品に仕上げたり……そのために持っておきたいのが、素の唇の色に近いリップライナー。リップカラーに対応できるようにリップライナーも色数が豊富にありますが、素の唇に近いローズベージュを最初に仕込むのが失敗しづらい使い方。グレーで素眉を偽造するグレー仕込み眉（P038）と同じ考え方ですね。ローズベージュが素の唇になりすまし、上からどんなリップを重ねても色の差がなく自然ですよ。

"いつもの分け目"、撤廃します！ さっとできるあか抜けヘアなら "分け目をぼかす"だけ！

ぼかした分け目　　分け目くっきり

分け目が隠れるだけでこなれた印象になる

上の写真のように、分け目をくっきりつけた髪と分け目をぼかした髪、それだけで印象が大きく異なります。年齢を重ねると「分け目が目立つ」「ボリュームが出にくい」と感じるものの、結局「いつもの分け目」通りにスタイリングしがち。頭皮の日焼けやダメージも気になるところです。だから **"いつもの分け目" は今日で終了！** 「自然と分かれちゃう……」という人でも、簡単に**分け目をぼかし、ふんわり立ち上がりをつけるスタイリング法**をご紹介します！

HAIR STYLING

ヘアスタイリング

分け目をぼかすスタイリング術

シュッ

1 分け目を濡らしてランダムに崩す

分け目の地肌にスタイリングミストを吹きかけ、しっかり濡らしたら、4本指で左右にこすり分け目を崩す。

2 分け目のすぐ隣の毛束を指ですくう

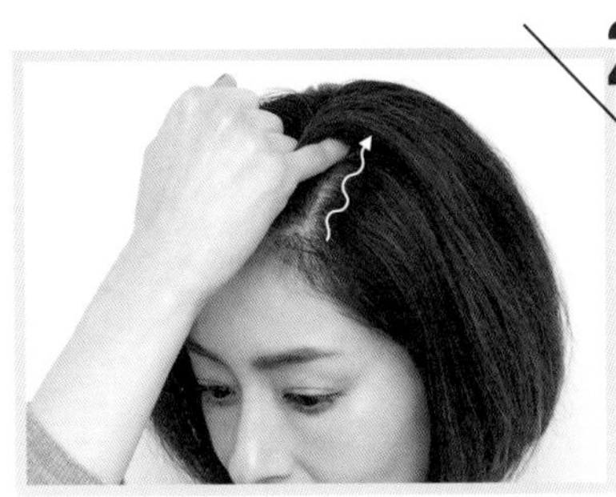

分け目のあった位置の少し外側に小指を差し込み、毛束をざっくりとすくい取る。

3 毛束をふわっとかぶせて隠す

すくった毛束を毛流れに逆らい、ふわっと元あった分け目にかぶせると、立ち上がりがつきつつ分け目も隠れる。

一気にこなれ感の出る
前髪のおろし方といえば

オールバックから“ちょい垂らし”

ちょい垂らし前髪　　サラサラ前髪

頭頂部の分け目も隠せて一気にしゃれ見えが叶う！

前髪はブローやアイロンなどで頑張って整えずとも、こなれて、かつ簡単にスタイリングする方法があります。それが、〝オールバック〟！　**水で濡らし、オイルをつけた前髪を一度オールバックに。そこからパラパラと落ちてきた前髪を整えればOK。**　かきあげた髪によって頭頂部の分け目を隠せるのも、白髪やボリューム感が気になる大人にも嬉しいポイント。ワンレングスなどで前髪を作っていない方も、同じスタイリング法で素敵に仕上がりますよ！

HAIR STYLING

ヘアスタイリング

こなれ前髪のスタイリングのやり方

1 髪を水とオイルで濡らし、かき上げる

髪全体を水スプレーで適度に濡らした後、ヘアオイルを手によくなじませ、前髪とサイドの髪を生え際からすくい上げ、後方に流す。

2 サイドの髪を耳にかけてタイトに

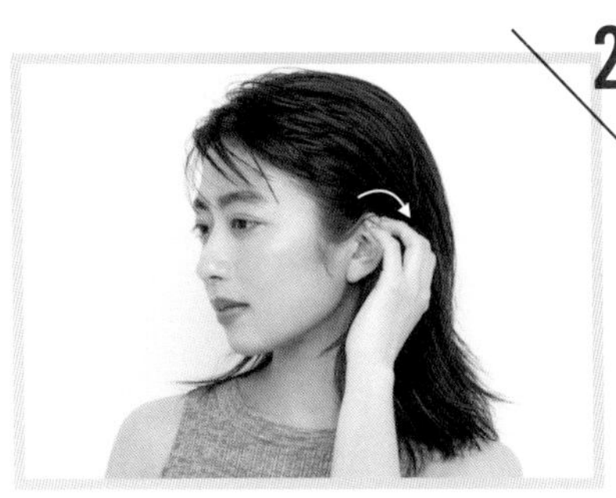

膨らみやすいサイドの毛束を耳にかけ、耳上をタイトに押さえながらオイルをなじませる。

3 落ちてきた前髪を整える

パラパラと額に落ちてきた前髪の毛束を、指先に残ったオイルで整えれば完成！

HAIR STYLING

大人のスタイリング剤 SELECTION

a サラッとしてベタつかず、全身に使えるみずみずしいオイル。バローロ リリオ ウォータリーオイル 30mL ￥3960 **b** 髪にツヤやウェット感、束感が欲しいときにもぴったりのマルチオイル。シンピュルテ トゥーグッド マルチベネフィットオイル 全3種 50mL ￥3850 **c** スタイリングしやすい髪へと整え、ニュアンスも自在に。コーセー スティーブンノル テクスチュアライジング ミスト 180mL ￥1595（編集部調べ） **d** 根元にスプレーして揉み込むだけでふんわりとした立ち上がりが作れる。uka serum water flex volume 100mL ￥3300

地肌をしっかり濡らして毛先にはウェット感を

大人の髪は、ふんわり自然なボリューム感と程よいツヤ感が重要。乾いた髪はまず地肌まで濡らすこと。でないと根元の立ち上がりは作れません。水でもよいのですが、ボリューム感が気になる方は、ボリュームアップ効果のあるアイテムを選ぶのもGOOD。濡らしておくことで、ヘアオイルが少量で済み、重たくなるのも防げます。ヘアオイルはさらりとしたものを。適度なウェット感はこなれて見えますし、髪のパサつき感のカバーにも◎。

COLUMN

イエベ／ブルベ、気にしなくていいです

好きな色を自由に楽しみましょう！

「私はイエベだけどこの色は似合いますか？」「ブルベに合う色番はどれ？」など、SNSでパーソナルカラーに関する質問をよくいただきます。確かにパーソナルカラーはコスメ選びのひとつの大きな指標。でも、心惹かれるアイテムや使ってみたいカラーに出合った時、**〝パーソナルカラー〟を理由に諦めるのは、もったいないな**、と思います。

実はカラーコントロール下地を使えば、いくらでもイエベ風／ブルベ風メイクはできます！　イエベの方がブルベ風に見せるならブルーパープル系、ブルベの方がイエベ風に見せるならオレンジコーラル系のカラーコントロール下地を使えばOK。

だから、ファッションやその日の気分に合わせて、好きな色にチャレンジしてみて！　もし、何事もパーソナルカラーで色選びをしているなら、その基準を取り払えば選択肢は何倍にも！　**イエベ／ブルベを気にせずに好きなメイクに挑戦する**と毎日のメイクがもっと楽しくなる可能性でいっぱいです。

次第で自由に楽しめます！

イエベ風メイク

Yellow Base Make

右の写真は、オレンジコーラル系の下地を仕込んだイエベ風メイク。
ヘルシーな血色感やしゃれ感のあるメイクを楽しめます。
一方、左の写真は、ブルーパープル系の下地を仕込んだ
ブルベ風メイク。涼やかな透明感や凛とした印象のメイクを
楽しめるのがブルベ風メイクの魅力です。

COLUMN

イエベ風もブルベ風もメイク

ブルベ風メイク

Blue Base Make

(メイクのポイント)

カラーコントロール下地を顔の中央にしっかり仕込み、顔の外側が薄くグラデーションになるようにのばす。血色が透けがちなまぶたや境目の目立つ首元にも薄く塗る。下地でカラーニュアンスを足しておけば、あとはいつも通りのベースメイクでOK。

Chapter

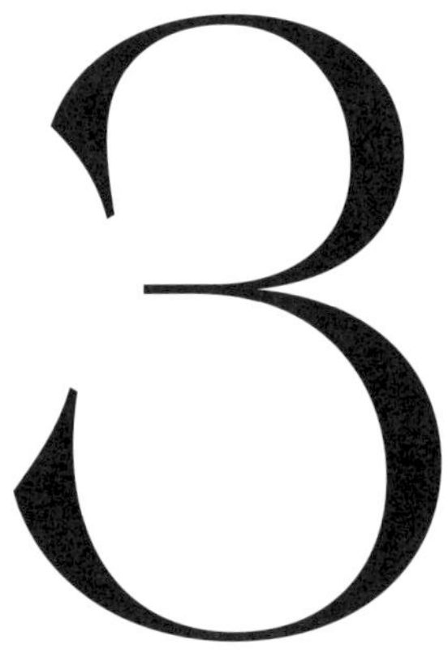

Make-up Tips

Neck, Skin,
Nails, Lip Color
Eye Make-up

そのお悩み、ワンテクで解決します。

年齢による変化や、メイクの疑問、“困った”
には1テクニック（ワンテク）が効く！
ピンポイントのお悩みもサクッと解決しますよ〜！
全部やらなくてOK。
自分に必要なテクだけ拾って
メイクに取り入れてみてくださいね。

歳

変化するのは当たり前！
自分の変化をまずは知ろう

“今の顔に似合う”メイクこそ、今の自分を一番素敵に見せてくれる

年齢を重ねること、それによって顔立ちが変化すること。それらはすべて当たり前のことです。だから鏡を見て「老けた」「嫌だ」なんてネガティブな気持ちになる必要はナシです！

ただ、「自分の顔立ちが年齢に伴いどう変化したか？」と冷静に分析することは、今の顔に合わせてメイクを変化させていくために大切です。闇雲にあれもこれもとテクニックを取り入れたところであまり意味を成さなかったり、かえって逆効果になったりもしかねませんし、若い頃と同じメイクをそのまま当てはめたら若く見えるかというと決してそんなことはありません。

メイクで年齢に抗うためではなく、今の顔に似合うメイクを楽しむために。変化を受け入れ、変化を知ったうえで、今の自分に必要なテクニックをぜひ取り入れてみてくださいね。

あなたはどのタイプ？

年齢による顔立ち変化に応じたメイクを取り入れよう

ふっくらたるみタイプ

顔の重心が下がってパーツが埋もれがちなのがこのタイプ。中顔面短縮系のテクニックや、シェーディング（P100）、口角コンシーラー（P170）など、リフトアップ感が得られるテクニックを取り入れるのが効果的。

げっそり削げタイプ

まぶたのくぼみや頬のこけなど、シワっぽくなりやつれて見えがちなのがこのタイプ。こめかみふっくら（P174）やリッププランパー（P150）など、ふっくら感やハリ、ツヤ感が高まるテクニックを取り入れるのがおすすめです。

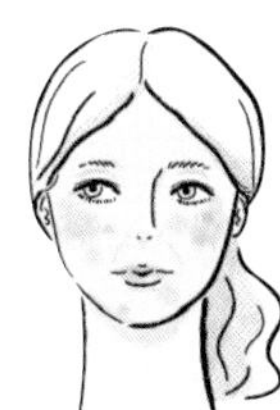

くすみ・色ムラタイプ

顔立ちの変化と同時に、くすみや色ムラなど肌色の変化が気になる方は、トーンアップ下地（P076）やコンシーラー（P090）、クリームチーク（P176）などのカバーテクや、赤ライン（P172）など肌色が冴えるテクをぜひ。

ワンテクでお悩み解決

01

年齢が出やすい“首”のメイクでさりげなくキレイに差がつきます

全タイプにおすすめ

若見せ

白浮き解消

Before
首元の開いた服を着ると、顔との境目が気になるかも

How to Make-up

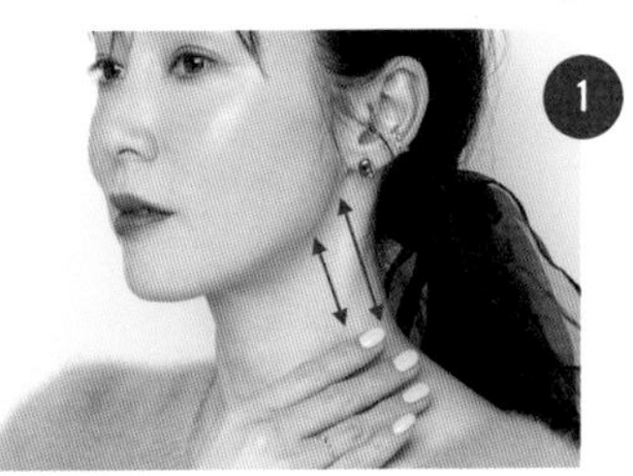

トーンアップ下地を、首全体にムラなく薄くのばす。日焼けしやすい襟足にも忘れずに。３本指で上下にすり込んで。

カブキブラシにプレストパウダーを取る。ブラシの先を肌に垂直に当てながら上下させ首全体に密着させて。

色はつけず、なめらかな質感だけをプラス

コスメの進化とも相まって、塗っている感なしで首メイク、できます！ポイントは色をつけないこと。透明下地×透明プレストパウダーでさりげなく肌のトーンを上げ、するりとなめらかな質感をメイク。首に年齢を感じさせない＆顔の白浮き解消にも有効です。

After

首元がするっとなめらかで
透明感やハリ感もアップ

a とろりとしたテクスチャーがみずみずしく変化してフィット。くすみや色ムラを光で飛ばし、明るさが続く。RMK ルミナス メイクアップベース SPF22・PA++ 30mL ￥4400 **b** 携帯にも便利な繰り出し式で、首元にパウダーを繊細に薄くなじませるのに最適。ディオール バックステージ カブキ ブラシ ￥7480 **c** フィット感のある仕上がりが叶うプレストパウダー。アルビオン エクシア トランスペアレント グロウ ヴェール SPF10・PA+ ￥11000（セット価格）

ワンテクでお悩み解決

02

大人の唇のしぼみ感に。リッププランパーならシアーカラーも楽しめる

げっそり削げタイプにおすすめ

唇のハリ感UP

人中短縮

Before

濃い色のマットリップは華やかだけど唇はちんまり

How to Make-up

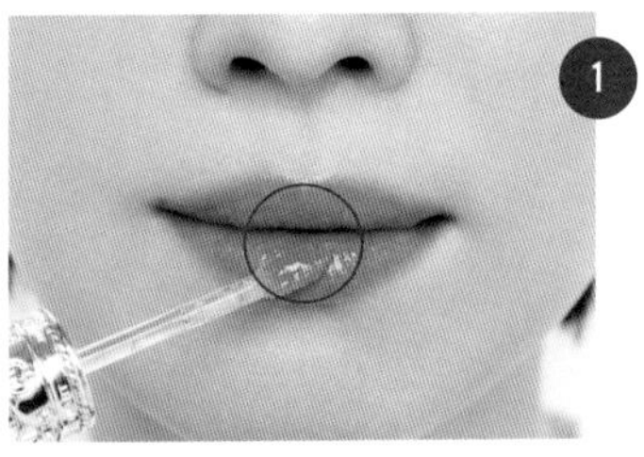

唇の血行を促す、保湿力の高いグロスルージュを使用。チップにたっぷり液を取り、唇の中央に厚めに塗り広げる。

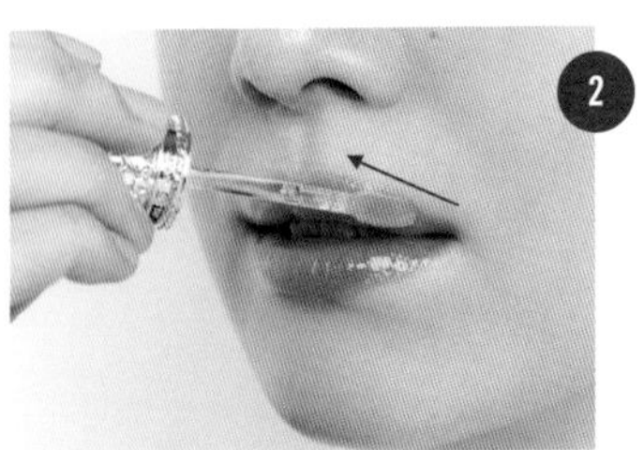

チップを口角に当て、唇の山に向かって動かし、液を唇中央に寄せ集めるイメージで、唇全体に塗る。

唇にツヤとボリューム感を足すと透け色も映える

淡い色のリップは顔がぼやけそうで、大人はくっきり華やかな色を選びがち。ですが、唇自体をふっくらさせるプランプ効果のあるリップを選べば、透けカラーでも光沢感とうるおい感で、むちっとしたボリューム感のある立体的な唇に。鼻下の人中短縮やイキイキとした印象作りにも役立ちます。

After

プランプアップ効果があれば
淡い色でも華やかに！

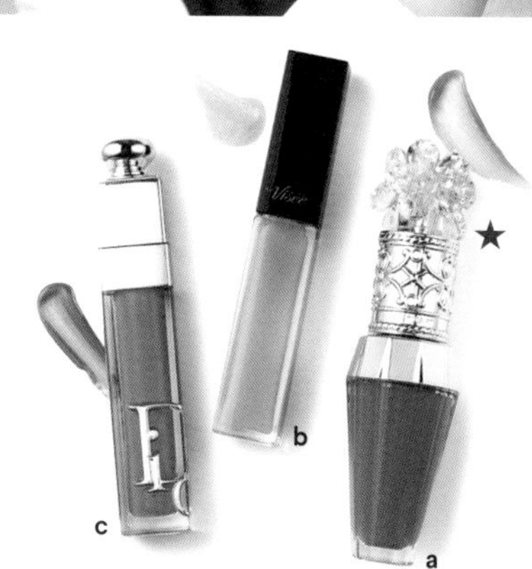

a 清涼感とじんわり感で、ぷるんとツヤ高い唇へ。ジルスチュアート　クリスタルブルーム　リップブーケ セラム 04 ¥3740 **b** ほんのり血色感を与えるシアーピンク。ぷるんとツヤ高い膜がボリューミーな唇を演出。ヴィセ エッセンス リッププランパー SP001 ¥1430（編集部調べ） **c** ほのかなミントの香りで、うるおいに満ちたふっくら唇を長時間キープ。ディオール アディクト リップ マキシマイザー 012 ¥4620

COLUMN

長井テクで読者が大変身！

(part.1)

派手さを恐れるあまり、メイクの全部を引き算して、
はかなげな印象だったのを、眉と唇を盛ることでぐっと印象的に！

After

Before

田中真樹さん（40代）

HOW TO MAKE-UP

用いたテクニックはコチラ！

- 毛並みを偽造する“**グレー仕込み眉**”▷ P 038
- リッププランパーで**唇のボリュームアップ**▷ P 150

立体感ふわ眉

目元くっきり

ハリ感UP

人中短縮

余白解消

華やか印象

メイクで盛る≠派手な色を使う
パーツをそれぞれ少しずつ強調して

自分が思うより大胆にメイクするとちょうどいい

「大人が濃いメイクや派手なメイクをすると、〝イタい〟と思われそう」と心配する方、少なくないかもしれません。色の主張が強いメイクは確かに要注意ですが、**大人メイクにおいてパーツの主張は強めてなんぼ。**例えば今回は、グレー仕込み眉で眉の毛並み感を足し、唇はリップランパーでボリュームアップしました。地眉が元々薄いという方は特に、グレーの眉ペンシルでしっかり毛を描き足し、立体的に仕上げると、アイメイクも引き立ちます。

　また、唇にボリューム感が出て、顔の余白が少し減った分、それぞれのパーツのメイクも生きてきます。**各パーツの立体感がアップすることで顔全体にメリハリがつく**のです。引き算しすぎて薄ぼんやりしていたお顔がグッと際立って、派手ではないのに華やかなメイクに仕上がりますよ。

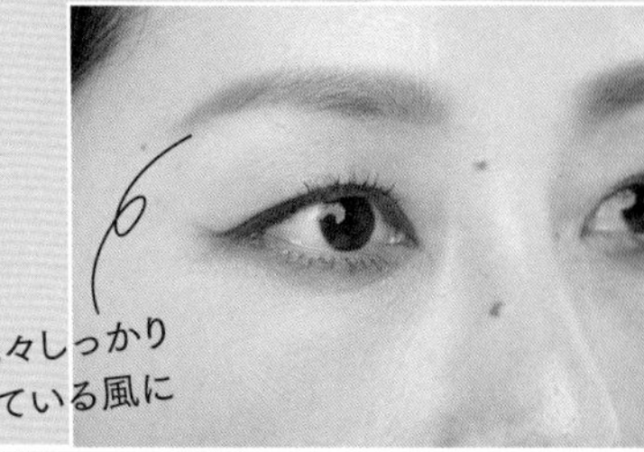

ワンテクでお悩み解決

03

ほうれい線の影は、埋めるよりも分断するほうが目立たなくなる

Before

ほうれい線に沿って塗ったことがバレがち!?

How to Make-up

1

ネコのひげをイメージして、コンシーラーでほうれい線を横切る線を３本ずつ描く。斜め上方向に引き上げるように。

2

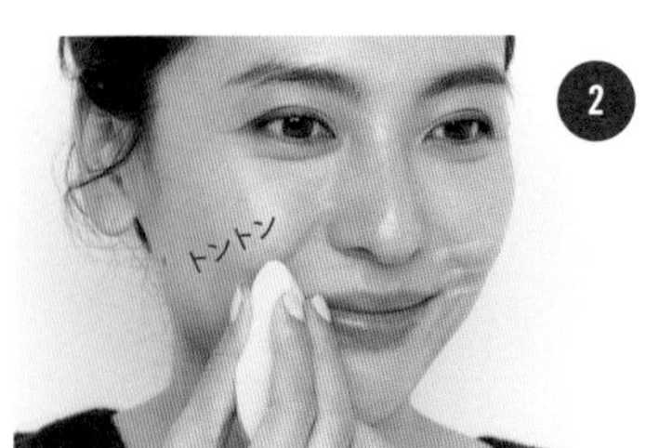

厚いスポンジを押し潰した先端で、描いた線を垂直に押し込むようにぼかす。薄くなるのでこすらないで！

“ほうれい線に塗りました”感こそ避けるべき！

ほうれい線の溝に沿ってコンシーラーを塗ると、骨格的に本来沈んで影になる部分がいきなり明るくなるため「コンシーラーを塗りました」感が出て、悪目立ちしがち。それよりもほうれい線を横切ってコンシーラーを塗るほうが、頬肉との段差による影をカムフラージュできます！

After

ほうれい線分断塗りなら塗っている感ナシ！

a 元祖筆ペンタイプのコンシーラー&ハイライター。ヨレにくくひと筆で自然な明るさと透明感を叶える。イヴ・サンローラン・ボーテ ラディアント タッチ 2 ￥5940 **b** 適度に幅広くてよくしなる筆ペンタイプ。カバーはもちろんクリアなツヤ感もプラスできる。SUQQU ラディアント クリーム コンシーラー N-01 ￥5500

ワンテクでお悩み解決

04

印象がぼやけがちな大人の目元は下まぶたを暗くするとくっきり際立つ

Before

目がこぢんまり寂しく見える

How to Make-up

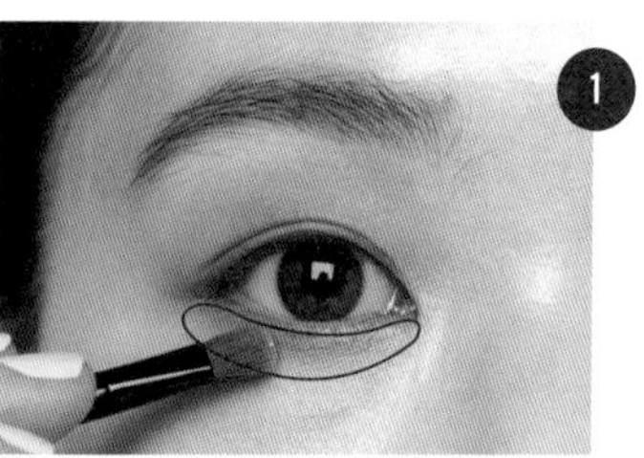

1 暗めのベージュのアイシャドウをブラシにとり、涙袋全体に、やや広めにふんわり色をのせる。

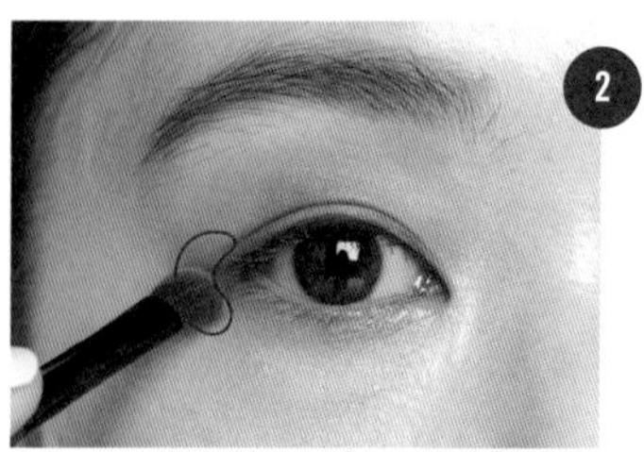

2 そのまま目尻まで広げ、上まぶたのアイシャドウと自然につなげる。囲み目風になり、目元がくっきり引き立つ。

下まぶたは明るくするより暗くして！

「目元のくすみはカバーするべきだ」と思われがち。でも、きっちりコンシーラーを塗って明るく仕上げた下まぶたと、暗めのベージュを塗った下まぶたでは、上まぶたのメイクはまったく同じでも、下まぶたに暗めのカラーを塗ったほうが、目元がくっきり！ 顔の余白も目立ちません！

After

目元がはっきり引き締まって見える！

適度にマットで、白っぽく見えない暗めのベージュを選ぶこと。目元に自然になじみ陰影をプラス。SUQQU シグニチャーカラー アイズ 08 ¥7700

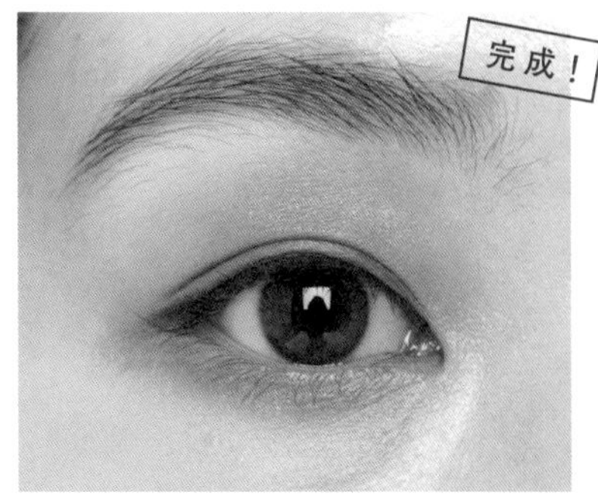

ワンテクでお悩み解決

05

気合を入れたい日こそ引き算を。肌は極薄シースルーくらいでいい

全タイプにおすすめ

若見せ

写真映え

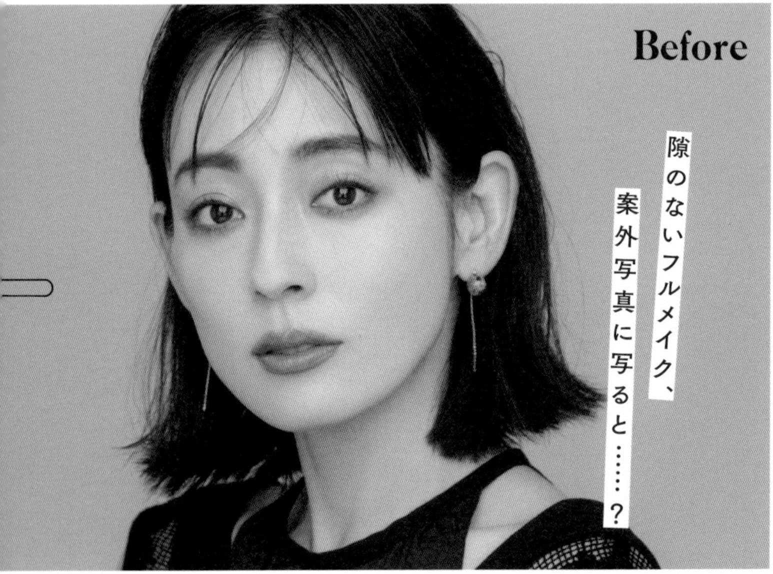

Before
隙のないフルメイク、
案外写真に写ると……？

How to Make-up

塗らない
トントン

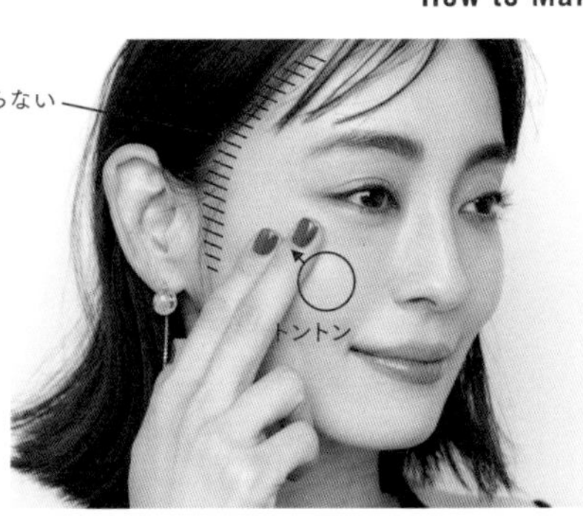

朝のスキンケアの湿度があるうちに、CC や BB など薄づきのクリームを手に取り、鼻の両脇あたりにのせる。指の腹でトントンと優しくタップして少しずつ全体に塗り広げる。生え際から指１本分は塗らずに仕上げて。生え際ギリギリまで塗ると顔が大きく見えることがあるので注意。

程よい素肌感こそ、大人の写真映えの秘訣！

女子会や写真撮影などに備えて気合を入れて隙のないメイクをした日ほど、くずれたり、顔が大きく写ったり、老けて見えがち。実は、ポイントメイクを盛りたい時こそ、勇気を出して肌は引き算するのが正解。肌に透け感があれば、若々しく、かつ余裕のある印象の肌に仕上がります。

After

肌は透け感があるほうが
ポイントメイクも映える！

a 毛穴や色ムラを自然にカバー。コーセープロビジョン　米肌 肌潤マルチCCクリーム 00 SPF50+・PA++++ 30mL ￥3850　**b** 美白美容液と下地効果を兼ね備えた新感覚ファンデーション。アルビオン ホワイトジェニック フェイス 02［医薬部外品］SPF25・PA+++ 40g ￥4950　**c** ナチュラルなカバー力で、透明感のある素肌を演出。コスメデコルテ サンシェルター マルチプロテクション トーンアップ CC Light Beige SPF50+・PA++++ 35g ￥3300

COLUMN

長井テクで読者が大変身！

(part.2)

痩せた!? と驚かれるほどの小顔効果の鍵を握るのは眉！
パーツのバランスが整うとグッと美人オーラが増します。

After

Before

レイナさん(30代)

HOW TO MAKE-UP

用いたテクニックはコチラ！

- バランスを整え小顔に見せる **"上に描く眉"** ▷ P 018
- 笑顔でも消えない！ **目尻長めアイライン** ▷ P 110
- 余白を埋める **薄・広くすみカラーチーク** ▷ P 122
- 目元がくっきり！ **"下まぶたのダークカラー"** ▷ P 156
- ポイントメイクを楽しみたい日の **極薄シースルー肌** ▷ P 158

目元すっきり

中顔面短縮

余白解消

小顔見せ

自然な若見せ

バランス調整

ほんのミリ単位の調整で顔立ちの印象までも変えられるんです！

眉の〝上〟にこそ小顔見せのチャンスあり

一気に美人オーラが増して、すっきり小顔な印象になった秘密は、パーツの位置。まずは眉。普段はセオリー通り、眉下を描き足していましたが、眉と目の間が詰まって見える分、目より下が間延びして見えがち。そこで、**眉を上に描き足して、眉と目の間を開けてすっきり見せることで、中顔面の余白感を解消！**　目元を縦に広げた分、アイラインを延長して目元の横幅のバランスを整えました。

また、下まぶたを暗くしつつ、チークも薄く、広く入れて、中顔面の余白を埋めました。そして実は肌も引き算を。**〝生え際に塗らない〟ことも小顔見せに一役買っています！**

詰まっていた目元を広げた分、顔の下半分の間延び感が解消されて全体のバランスが整い、小顔な印象に！　いや～、メイクって本当に面白い！

眉上を描き足して眉下はすっきりさせる！

ワンテクでお悩み解決

06

彫り深さんのアイメイク。目のキワは締めずに抜くと、派手見えを防げる

Before

目のキワを締めると
さらに彫り深感が強まる

How to Make-up

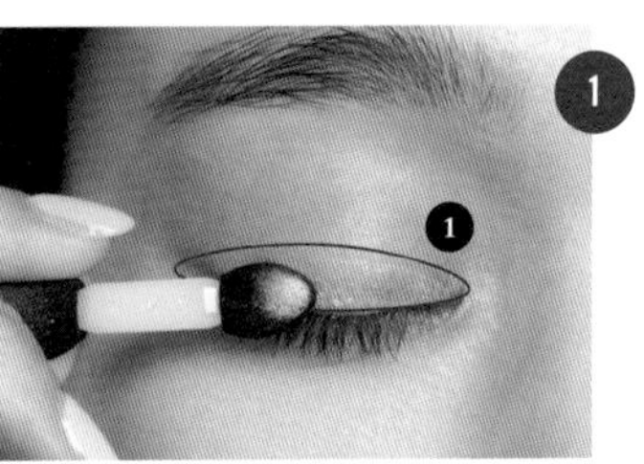

パレットの明るく白っぽい色❶を混ぜ取り目のキワにやや広めに。彫り深ゆえに暗く沈みがちなので明るく整える。

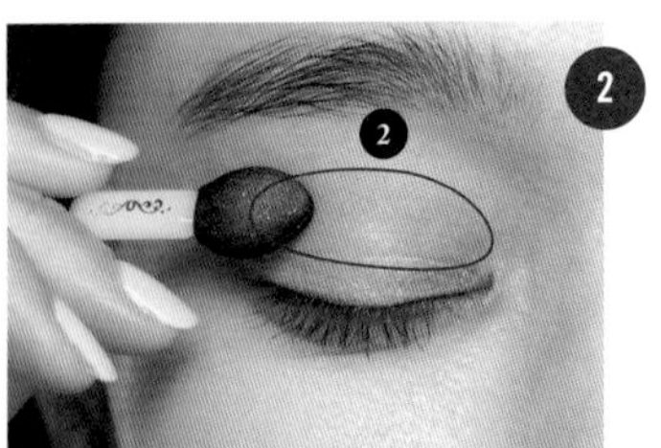

パレットのアクセントカラー❷を、目のキワの白を避けてアイホール広めに重ねる。眉下近くまで広げてOK。

元々影が強いので、白で抜くとすっきりキレイ！

立体感がありパーツも大きめのいわゆる"濃い顔"さんや、幅広二重の方などは、目のキワにかけて暗くなるグラデーションのアイメイクは余計に濃さが増すもの。目のキワの影が元々深いので、潔く白シャドウで抜くとすっきりとした目元に。カラフルな配色もとても似合います！

After

目のキワを白くするとすっきり明るく見える

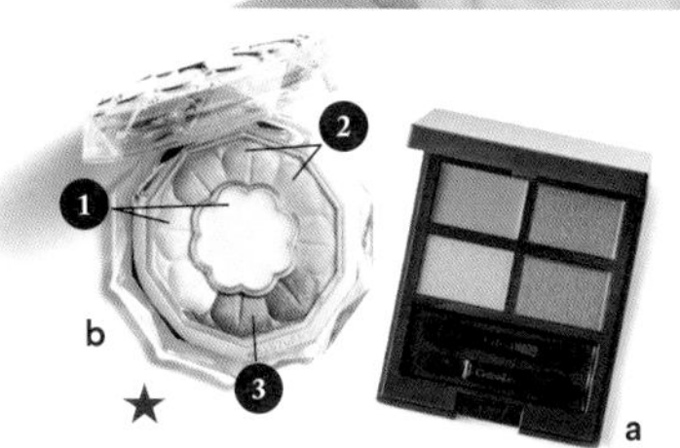

a 質感の異なるベージュにプラムピンクを効かせて。目のキワには左下を。セルヴォーク ヴァティック アイパレット 10 ￥6820 **b** 青白く澄んだ輝きを宿すアイシーパープルとブラウンをセットに。ジルスチュアート ブルームクチュール アイズ 07 ￥6380

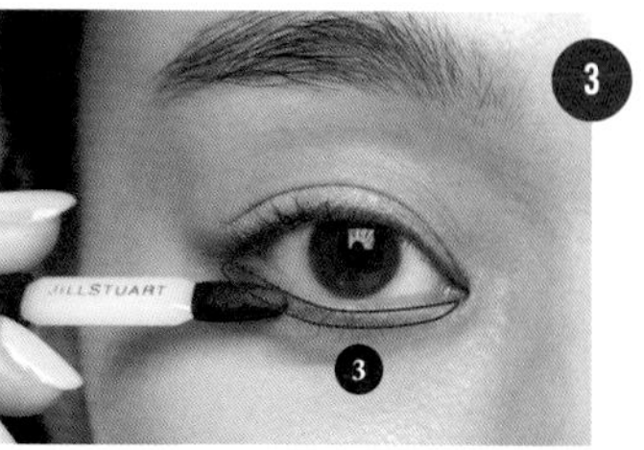

パレットの締め色❸を、下まぶたのキワに細くライン状に。上まぶたのキワを抜いた分、下まぶたで引き締めて。

COLUMN

長井テクで読者が大変身！

(part.3)

生えぐせ通りとは言え、眉間狭め＆角度が急な眉をお直し。
眉が変わると顔全体の印象が大きく変わるんです！

After

Before

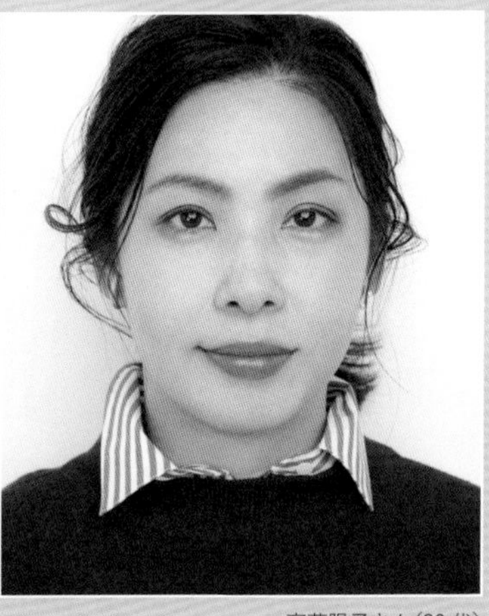

齋藤陽子さん（30代）

HOW TO MAKE-UP

用いたテクニックはコチラ！

- なりゆき下がり眉を解消する“平行スライド眉”▷ P030
- 眉尻ではなく眉頭をぼかす、すっきり“短め眉”▷ P034
- 彫り深さんのアイメイクは、目のキワを明るく！▷ P162
- 血色カラーを仕込むピュア見せ“涙袋メイク”▷ P166

なだらか眉

抜け感UP

目元ぱっちり

中顔面短縮

余白解消

柔らか印象

コンシーラーを駆使すれば
眉の形はコントロールできます！

眉のテクニックは組み合わせてもOK

今回用いたのは、眉のテクニック2つの合わせ技。コンシーラーで眉頭をぼかして眉間を広げるとともに、眉山以降は平行スライド描きして角度を和らげました。眉間が狭めで眉の角度が急という方にぴったりです。眉はどうしても生えぐせや骨格の影響がありますが、剃ったり毛を抜いたりしなくても（大人の眉毛は大切！　抜かないで）**コンシーラーを使えば位置や角度の調整はできる**んです。

今回、眉頭をコンシーラーでぼかすとともに、眉山〜眉尻の上下にも塗ることで、眉の角度をなだらかに整えました。

あと実は、涙袋メイクと彫りの深い方向けのアイメイクとして、上まぶたのキワを明るくしつつ、下まぶたに血色を足しています。**下まぶた重心のメイクをプラスする**ことでより眉がすっきり、目元全体が明るくまとまりました！

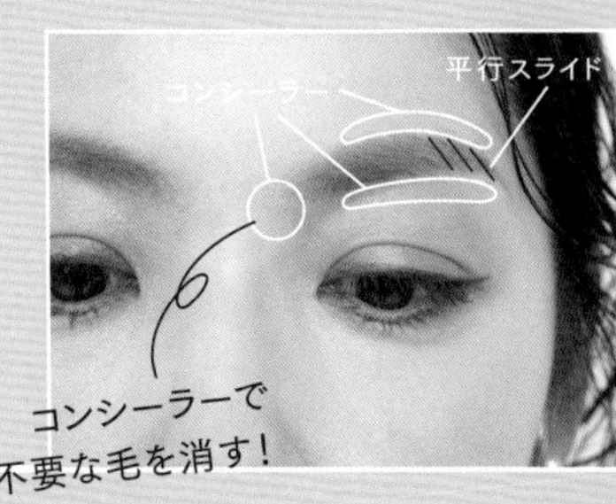

ワンテクでお悩み解決

07

目元のくすみやクマに、ぷくっとピンクの涙袋メイクが効きます

Before

涙袋メイクなし。目がこぢんまり見える

How to Make-up

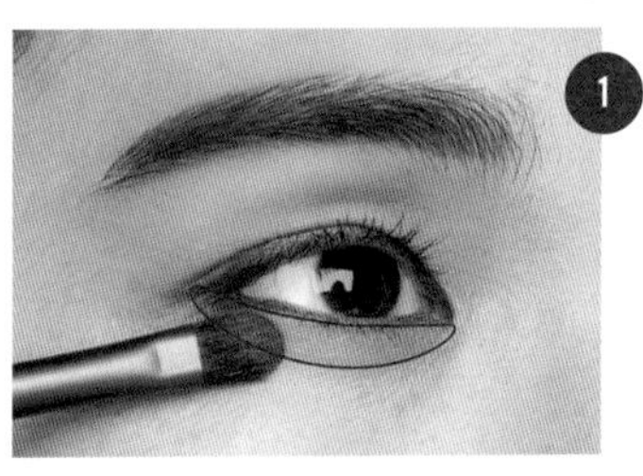

下まぶたのぷっくりした部分（＝涙袋）に、パールピンクのアイシャドウをブラシでふんわりとのせる。

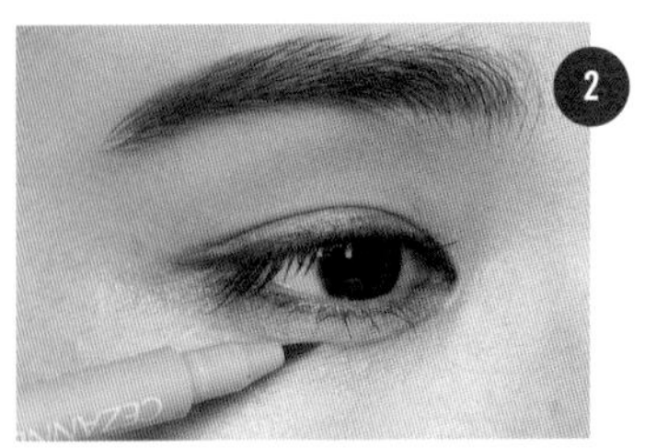

①で塗った涙袋の下に、シアーなくすみピンクのアイライナーで、黒目の外くらいまでラインを引く。

大人の涙袋メイクはほんのりピンクが正解！

涙袋メイクというと、もしかしたらZ世代の若者のメイクというイメージかもしれませんが、さじ加減次第では大人の目元の立体感、血色感、中顔面短縮、ピュアっぽさ……求めるあれこれが一気に叶うテクニック。目の下のくすみやクマが気になるという人にもおすすめです。

After

涙袋のふっくら血色感で
瞳が明るく澄んだ印象に

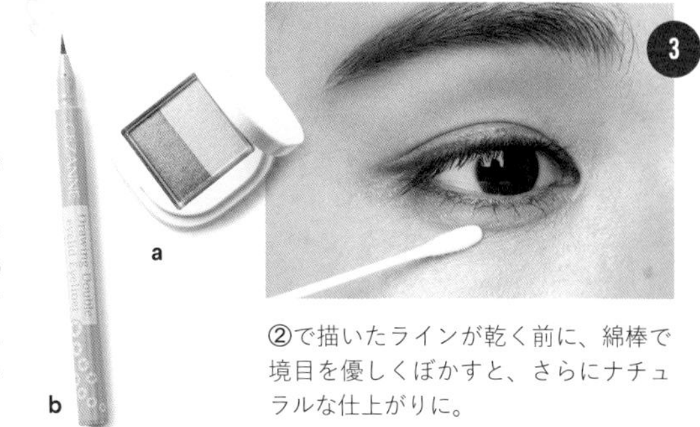

a 涙袋に2色を混ぜて使用。繊細なラメが目元に透明感を。カネボウ化粧品 メディア リュクス アイカラー 02 ¥935（編集部調べ） **b** 涙袋の境目に使用。血色ピンクに程よいくすみニュアンスをプラス。セザンヌ 描くふたえアイライナー 30 ¥660

②で描いたラインが乾く前に、綿棒で境目を優しくぼかすと、さらにナチュラルな仕上がりに。

COLUMN

長井テクで読者が大変身！

(part.4)

細かなテクニックをしっかり効かせると
さりげなく"妹化"が叶います！

After

Before

めぐみさん(40代)

HOW TO MAKE-UP

用いたテクニックはコチラ！

- マスカラ先行の"存在感薄め眉" ▷ P022
- リップライナー仕込みの"人中短縮塗り" ▷ P126
- 顔の白浮き解消！"首メイク" ▷ P148
- 血色カラーを仕込むピュア見せ"涙袋メイク" ▷ P166

まろやか眉

目元くっきり

白目キラキラ

自然な若見せ

中顔面短縮

人中短縮

効かせテクは案外大胆でOK！
大胆でも、仕上がりは自然です！

細かな部分こそメイクで差が出る

「40歳が30歳」という極端な若見せや、別人級の変身ではなくて、自分らしさがしっかりありながら、「3歳くらい下に妹がいたらこんな感じかな?」という心地よい範囲で若く見える。それが長井の考える「妹化メイク」！　そのためにはこの本で紹介しているようなテクニックを、〝なんとなく〟やるのではなく、きちんと効かせることが大事。自然な仕上がりですので、どうぞ思いきってチャレンジしてみてくださいね！

今回、白みベージュの眉マスカラでしっかり素眉の黒さを消して、眉の存在感を薄めながら、血色カラーを下まぶたに仕込み、涙袋メイクをプラス。目元が際立ち、中顔面短縮にもつながります。

また、唇にはリップライナーを仕込んでオーバーリップに。首メイクで白浮き感も解消しました。ほんのちょっとのことこそ、大事です！

眉の濃さが抜けて柔らかな印象に

ワンテクでお悩み解決

08

年々だるんとしがちな口角は、コンシーラーでしゃきっと引き上がります

ふっくらたるみタイプにおすすめ

リフトアップ

清潔感

How to Make-up

まずは唇全体にリップカラーを。口角にコンシーラーを塗る場合は、フィット感の高いリップカラーが好相性。

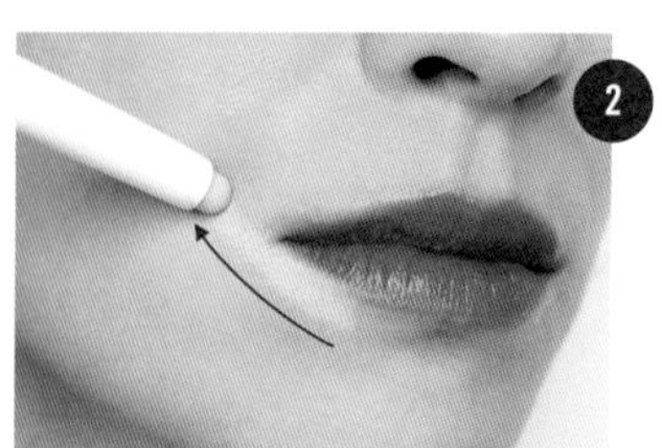

明るい色のコンシーラーを、下唇の底辺と口角を結ぶ辺の中間から、ほうれい線の手前まで、すっと直線状にのせる。

口角のくすみや影はコンシーラーで消し去って！

実際には口角は下がっていないし、マリオネットラインがなくても、口角まわりの影やくすみは、口元の「へ」の字感や、頬のたるみ感を助長します。“リップを塗ったら口角を明るいコンシーラーで締めること”を習慣づけると、頬から口元がすっきり引き上がった印象に見せられます。

After

口角がキュッと引き上がり輪郭までシャープに！

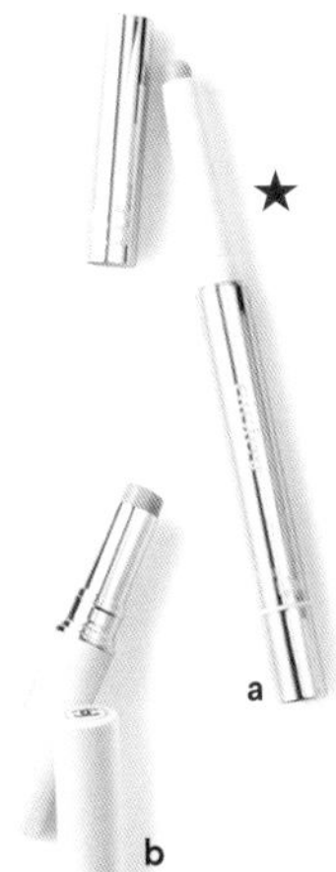

a 肌に軽やかに密着し、カバーしながらスキンケアも。シスレー インスタント コレクター ペン 000 ￥8360 **b** 高いカバー力でシミ、そばかすなど気になる部分にアプローチ。UVカット力も◎。シャネル ル ブラン BR12 SPF40・PA+++（著者私物）

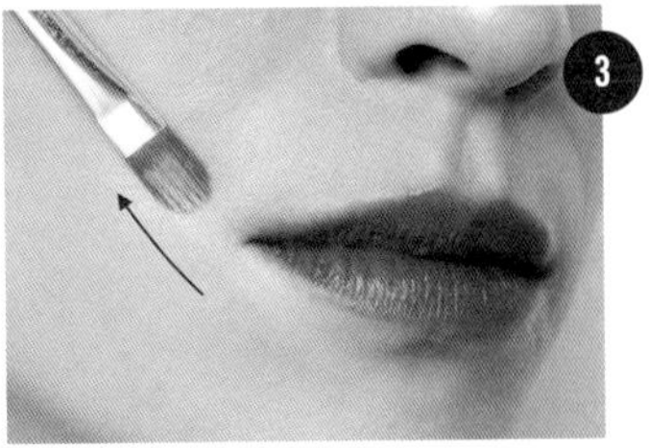

コンシーラーブラシでラインをぼかしながらなじませる。さらに指の腹でトントンと優しく押し込んで完成。

ワンテクでお悩み解決

09

白目をキレイに見せつつちょい盛りなら、下まぶたに赤で点線を

くすみ・色ムラタイプにおすすめ

くすみ解消

目ヂカラUP

Before

下まぶたのキワ、目尻側にこげ茶のラインが鉄板だけど

赤の点線入り

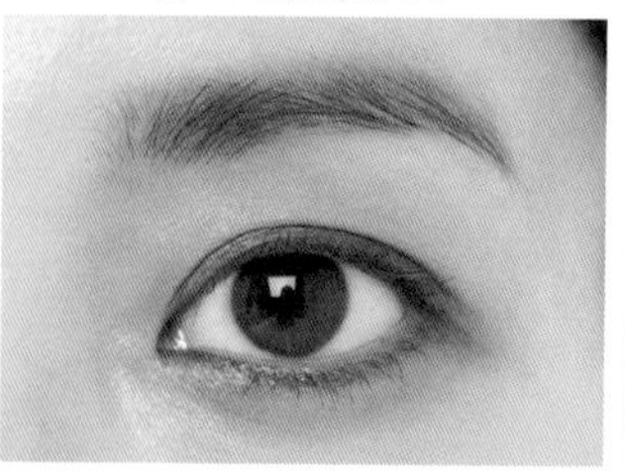

下まぶたラインなし

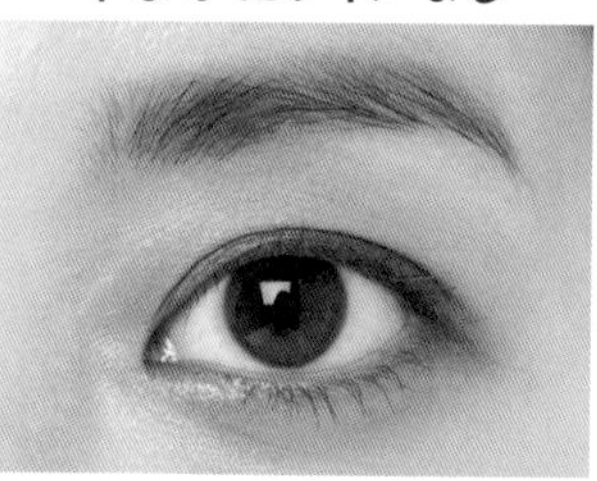

右は下まぶたにアイラインなし。左は赤のアイライナーで、下まつ毛の隙間に点線を入れた状態。決してラインの主張は強くないのに、自然と目元がうるんだ印象に見えませんか!?

赤を使えば粘膜ライン風の効果が得られます！

下まぶたのアイライン、どうしていますか？　王道の"目尻にこげ茶色"？　"粘膜に白"？　長井おすすめは、赤のアイライナーをまつ毛の隙間に点線で！　さりげなく血色感がプラスされて、粘膜にピンクのラインを入れたような、白目がキレイに見える効果が得られます。

How to Make-up

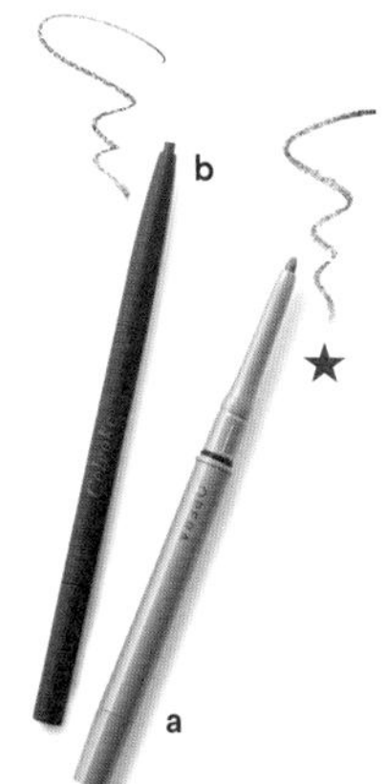

a なめらかな描き心地で、パール感のあるカシスレッド。イミュ オペラ アイカラーペンシル 12 ￥1650　**b** 下まぶたのキワにもなじみやすい絶妙な太さと柔らかさ。高発色で、血色感のある深みレッド。セルヴォーク シュアネス アイライナーペンシル 15 ￥3080

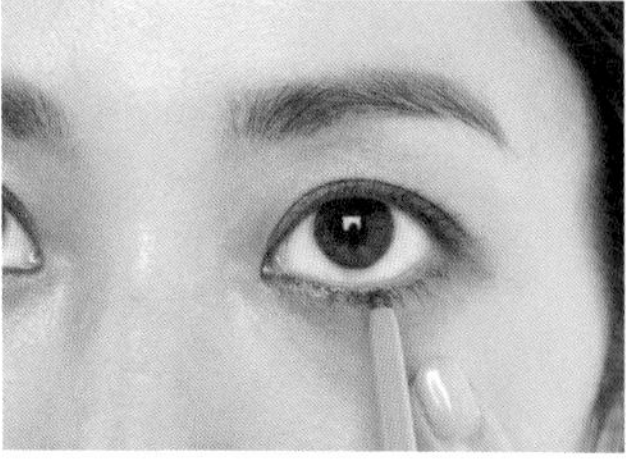

まつ毛の根元の隙間を軽く埋めるように、目頭から目尻まで赤のジェルライナーで点を打つ。

★ マーク⇨メイク使用アイテム

ワンテクでお悩み解決

10

輪郭の削げ感、骨張り感はこめかみをぷにっと見せることで和らぎます

How to Make-up

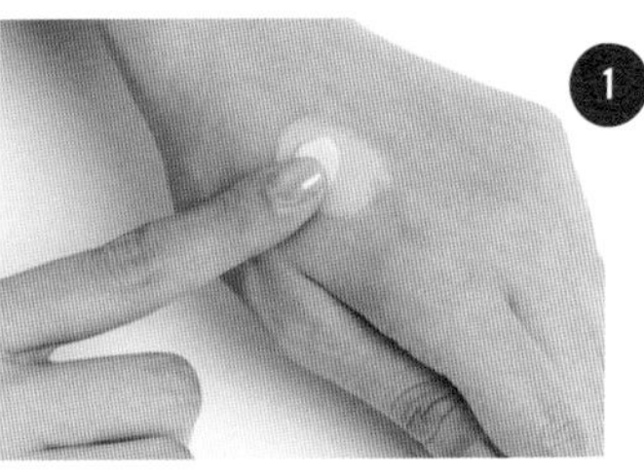

手の甲に、明るめの固形コンシーラーと、ピンク色の下地をパール１粒大取り、よく混ぜ合わせる。

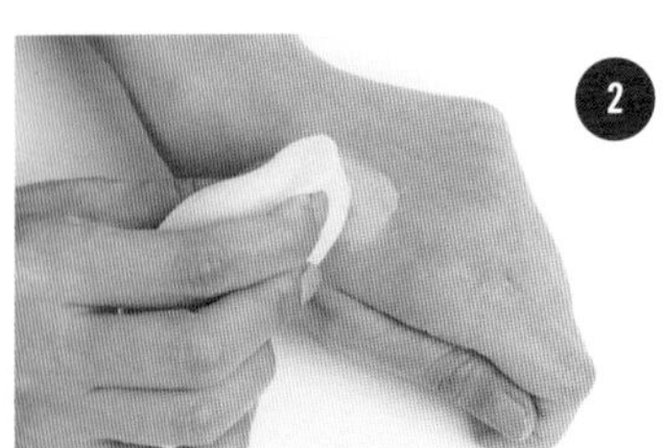

厚みのあるダイヤ形のスポンジの先をぎゅっと握り、①の特製白ピンクコンシーラーを先端にちょんちょんと取る。

整った輪郭は“こめかみ”のふっくら感がカギ！

年齢を重ねると、頬やまぶたとともに、実はこめかみも凹みがち。理想の輪郭の形である卵を思い浮かべて。卵の上両サイドが凹むとそれだけでいびつな印象に。これを顔に置き換えるとこめかみのふっくら感の重要性がわかるはず。でも、メイクでこめかみの“ぷにっと感”、出せます！

After

ふっくらこめかみで
輪郭の丸みを演出

a 血色感を演出し、ナチュラルなピンク肌に。エレガンス モデリング カラーアップ ベース UV PK110 SPF40・PA+++ 30g ￥4950 **b** 肌に不足している色の光を補いながら、透明感の高い自然な仕上がりへ。イプサ コントロールベイス e（ピンク）SPF25・PA++ 20g ￥3300

こめかみのくぼみ部分を確認し、そこにスポンジの先端を当て、垂直に押し込むようにピンポイントで塗り込む。

ワンテクでお悩み解決

11

シミや肝斑（かんぱん）、頬のムラっぽさには硬めクリームチークが強い味方に！

Before

硬めクリームチークを手でぼかすとムラっぽく

How to Make-up

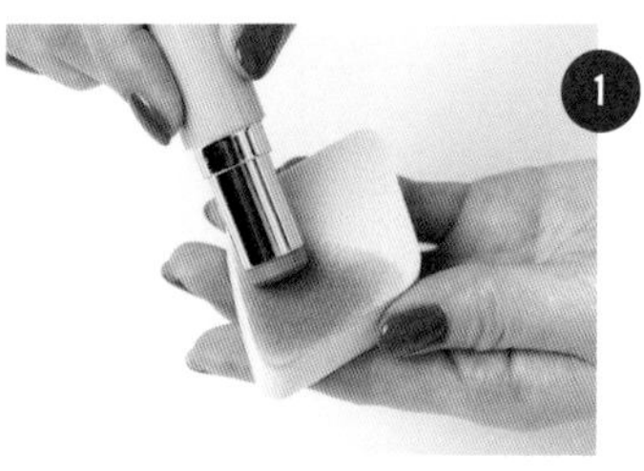

1 クリームチークは肌に直接つけず、厚みのあるスポンジに取る。これがファンデをはがさず、ムラなくつけるコツ。

2 スポンジの面を頬に当てたらスタンプのように押しつける。少しずつ位置をずらして押し塗りをし、決してこすらないこと。

クリームチークは大人こそ取り入れたいアイテム

ムラづきやファンデーションのヨレなど、クリームチークに苦手意識のある方も多いのでは？　でも"しっかりつくタイプでこすらない"を守れば、自然に肌になじみ、湿度のある血色感が引き出せます。しかも、頬まわりのシミやくすみ、色ムラなどの肌悩みをカバーする効果も抜群です。

a 光沢感がありながら、絶妙な発色で、内側から滲むような血色感と輝きが叶う。トーン ルミナイザー バー 04 ￥3300　**b** レッド カメリア オイル配合で、ケアしながら頬や唇に血色感を。シャネル リップ＆チーク ボーム N°1 ドゥ シャネル 2（著者私物）

ワンテクでお悩み解決

12

ネイルカラーをくすませると、手肌のくすみがむしろ冴える！

Before

ピンクベージュを塗ると
肌色がなんだか冴えない

How to Make-up

1

ネイルカラーの液をたっぷり取り、いきなり塗らず、筆の先が扇形に広がるように、瓶のフチに軽くなでつける。

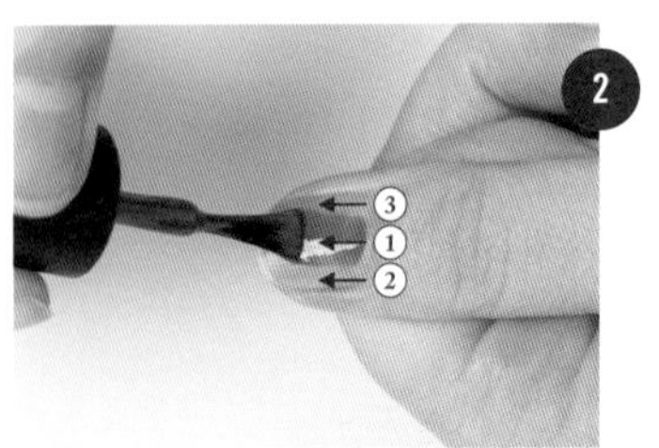

2

広げた筆でざっくり全体に塗る。まずは爪の中央、根元から先端に向かってひとはけ。左右も同様に。

ヌーディカラーにブラウンみをひとさじ足して

オフィスネイルの定番カラー・淡いピンクベージュが、「あれ、なんか映えない」と感じること、ありませんか？　どうしても手元は、乾燥や日焼け、糖化で黄ぐすみ感が出てくるので、同じピンクでも少しブラウンみのあるカラーのほうが、実は手肌を美しく見せられるんです。

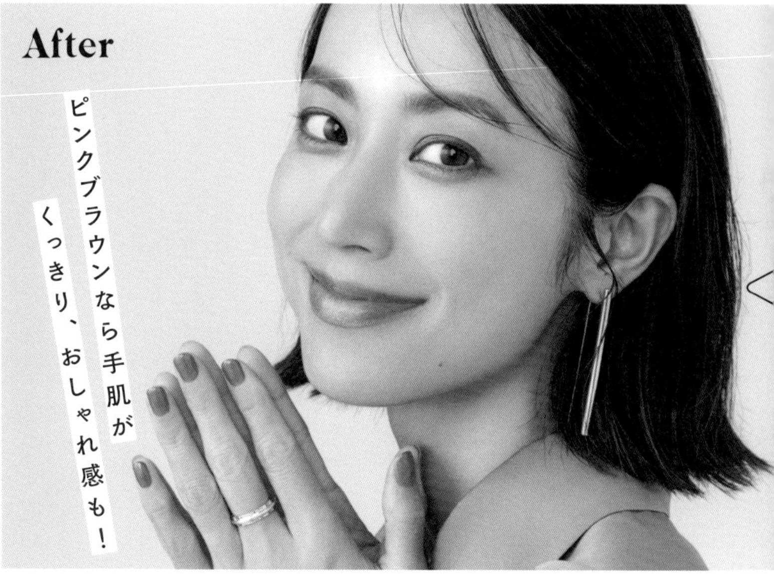

After
ピンクブラウンなら手肌が
くっきり、おしゃれ感も！

a ヴィンテージ感のある赤っぽいカラーがお好みならこちらを。ひと塗りで高発色のツヤネイルに。ネイルホリック　RD416 ￥330（編集部調べ）**b** レッドパールが輝くピンクベージュ。肌なじみ抜群。THREE ネイルラッカー 06 ￥2420

THREE
NAIL HOLIC

b　a

3

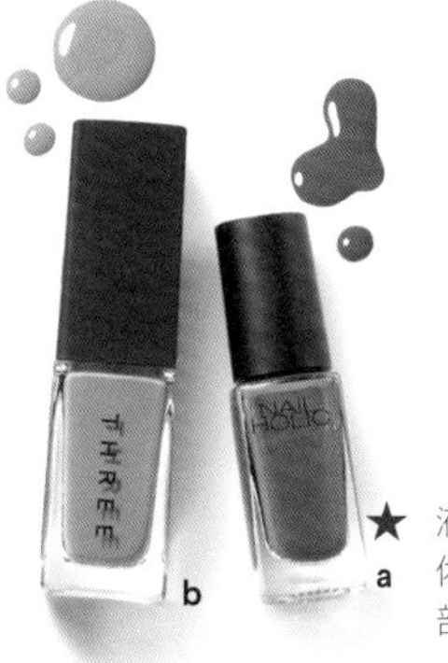

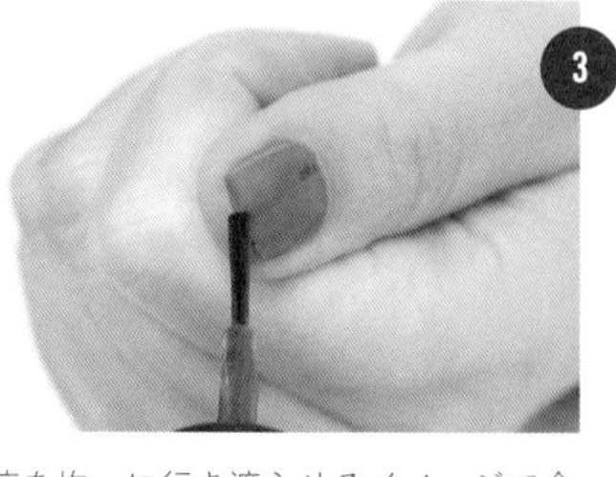

★ 液を均一に行き渡らせるイメージで全体になじませたら、爪の先端、断面の部分にも塗るとネイルのもちがアップ。

ワンテクでお悩み解決

13

はげたリップをスマートに塗り直すなら色付きリップクリームが便利です

全タイプにおすすめ

お直し

清潔感

Morning

朝は落ちにくいマットリップを仕込んでおいて

How to Make-up

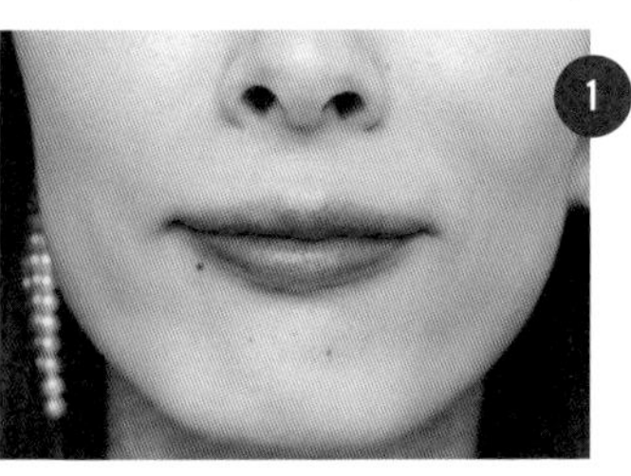

1

マットなリキッドルージュを塗って、飲食してはげた状態。お出かけ前に輪郭まできっちり塗っておくとGOOD。

2

色つきリップクリームを唇に直塗りし、唇に残ったマットリップとなじませるだけ！　ツヤ感のニュアンスも。

マットリップとリップクリームのいいとこ取り

朝、落ちにくいマットリップで出かけて、食後に色つきリップクリームをなじませてリップ復活！　色が残り、輪郭がくっきりしている状態に重ねるなら、薄づきのリップクリームで十分。色ムラをぼかしながら、保湿も。シアーなので少しはみ出ても気になりませんよ。

Afternoon

色付きリップクリームでお直し＆ニュアンスチェンジ！

赤×ベージュなど、色調を変えたほうが中和しやすく、ニュアンスチェンジも楽しい！ **a** 透け感のあるオレンジベージュ。カネボウ化粧品 ケイト　パーソナルリップクリーム 06 SPF11・PA+ ￥550（編集部調べ） **b** 鮮やかな発色とソフトマットな質感を両立。ヴァレンティノ ビューティ リキロッソ 22A ￥5940

完成！

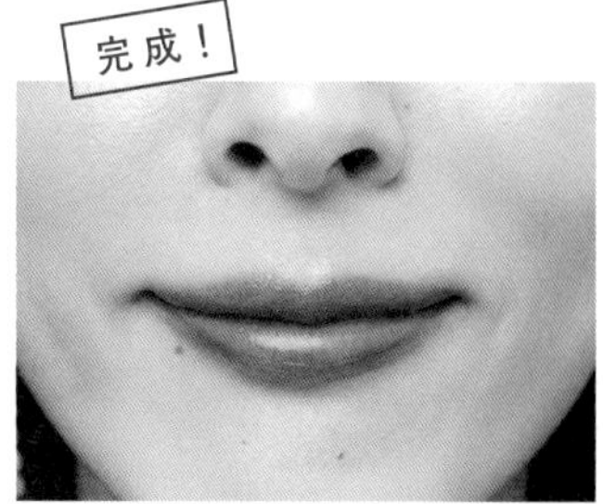

epilogue

（おわりに）

メイクの〝変化〟を感じて自分メイクに革命を！

2年にわたる『ミモレ』の連載では、20人以上のモデルさんと15人以上の読者の方にご登場いただきました。たくさんの方にメイクをさせていただく中で、私自身も新しい発見の連続でした。中には「微差だな〜！伝わるかな〜⁉」と苦心したものもありますが、ご自身の普段のメイク体験と照らし合わせて見てもらえたら、きっと違いを感じていただけるはずだと信じています。たとえ微差だとしても、セオリーの変化を知っているのと知らないのでは実際には大違いだと思うんです。だから、『長井かおりからのお知らせです』として発信してきた、新しく変わったメイクセオリーの中に、「私のメイク、このままでいいのかな？」と悩んでいた方が自分メイク革命を起こせるようなテーマが何かひとつでもあれば、嬉しいです。

メイクの喜びとは、悩みのカバーだけではない

この本を読んでくださる方の中には私と同世代の方も多いのではないかなと思っていますが、年々あれやこれやとエイジング悩みも増えてきて、そのカバーに追われ、メイク＝

“メイクのセオリーが変わってきていること。それを知っているだけでも違う”

悩みを解消するためのもの、になっているかもしれません。私はヘア&メイクアップアーティストとして、〝メイクの喜び〟とは隠すことや眉を上手に描くことだけではありません。「私こんなにキレイになれるんだ！」という手応えにこそ一番の喜びがあると思っています。その喜びを感じるためには、メイクテクニックの上手い下手よりも、自分を変えるために必要なことは何かというポイントをしっかり摑んでおくことのほうが余程大切だと思うんです。

改めてこの本には、いつもの自分の限界を突破するきっかけになる、そんなコツが詰まっています。

epilogue

（おわりに）

“このままでいいのかな？だったら変えてみよう！”

年々守りに入ってない!? もっとやっちゃってOK！

そしてもうひとつ、お伝えしたいのが、「やってるつもり」の方が案外多い、ということです！　自分なりに研究もして、もしかしたら、すでに私のテクニックを参考にしてくださっている方もいらっしゃるかもしれませんが、皆さん、もっとやっちゃっていいです！（笑）

「派手になったらどうしよう」「イタく見えるかな？」「この年齢でこのメイク、いいのかな？」……なーんて消極性や恐れは、まず全部取り去りましょう！　この本でご紹介しているテクは全部大人の方向けです。もう一度本を見返していただきたいのですが、やりすぎ感のあるメイクはなかったはず。どなたも勇気をもってチャレンジしてみてください。

大人になると自分メイクも板について、自分に似合うもの、似合わないものがよくわかってくる。それゆえに、メイクの〝食わず嫌い〟をしていたり、「自分はこんなものだ」と自分で限界を決めていたり……。そのマインド、勇気を出して変えられたら、大人メイクの第2章の始まりです！

時代も自分も変わっていく だからメイクも変えないと

新作のコスメがどんどん登場して、品質も進化している。時代もトレンドもどんどん変わるし、自分の外見や好み、マインドも変わっていく。それなのにメイクテクが古いままなんてもったいない！

数年後、ふとこの本を見返したとき、ご自身も変わっているし、取り入れるべきテクニックも変わっているはず。この本で紹介しているテクニックはしばらく古ぼけることはありませんので、そこはご安心を(笑)。そんなあらゆる変化に寄り添いながら、この本が皆さんのお役に立てたら、とても嬉しいです。

“これからも長井かおりは
変化に寄り添い続けます！”

Thank you all

制作裏ばなし

たくさんの読者の方にご協力いただきました!!

読者の方のBefore→Afterの変化、すごくないですか!?
Beforeはすべて自分メイク。Afterのメイクは、
これまでご紹介してきたテクニックを中心に用いています。
私自身、こんなに変わるとは！　とびっくり。
皆さんが撮影後、とっても明るい表情で帰っていかれたことも
嬉しい思い出です。本当にありがとうございました！

“33シェード”でシェーディング感なく、輪郭がすっと整い、イキイキとした印象に！

安藤まなこさん（40代後半）

涙袋メイクで目元にふんわり血色感とふっくら感！柔らかい雰囲気で、かつ小顔印象にも！

もりかわあやかさん（30代前半）

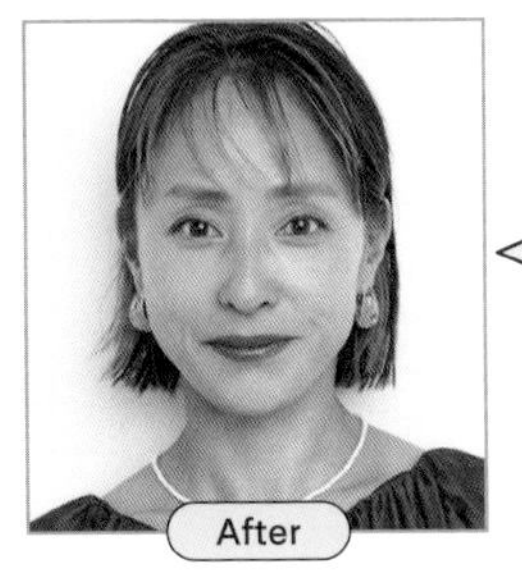

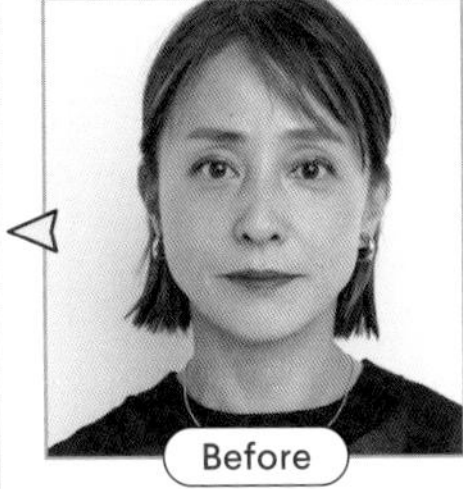

リッププランパーで
唇にツヤと立体感を。
派手じゃないのに
明るく華やか！

渡邊普恵さん（40代後半）

トーンアップ下地に
変えて印象をチェンジ！
肌のツヤと明るさで、
美人オーラ増し！

いとうあいさん（40代後半）

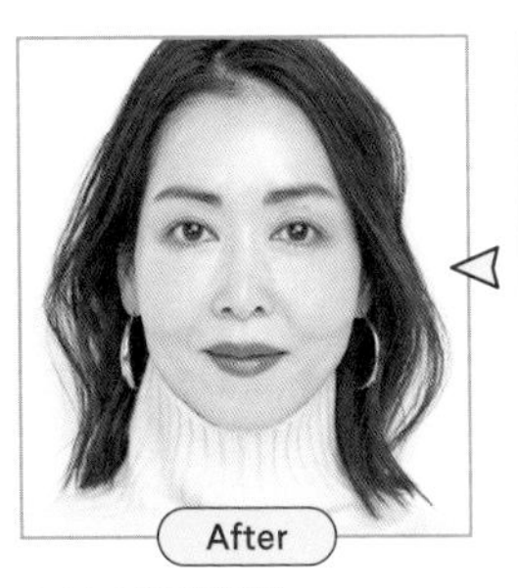

くっきり上がり眉を
眉の中間から描き始め、
描き順を変えることで
まろやか仕上げに

まゆさん（40代後半）

下まぶたに
暗めのベージュを。
目元が引き締まり、
頬の余白を
カムフラージュ。
小顔見せも叶う！

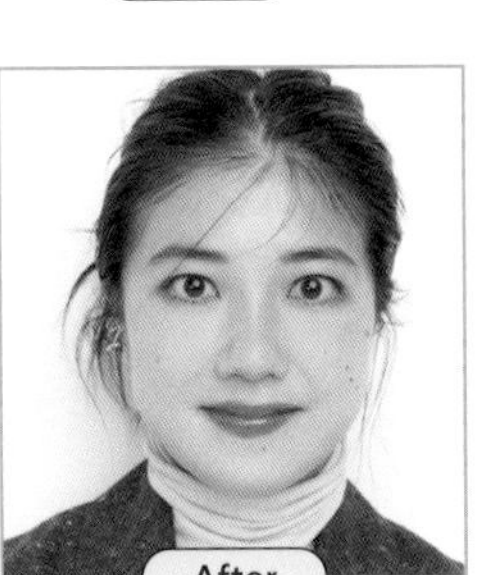

Before

みふみさん（30代後半）

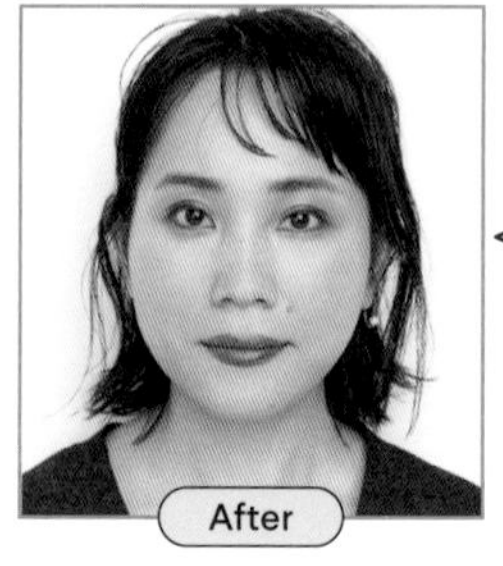

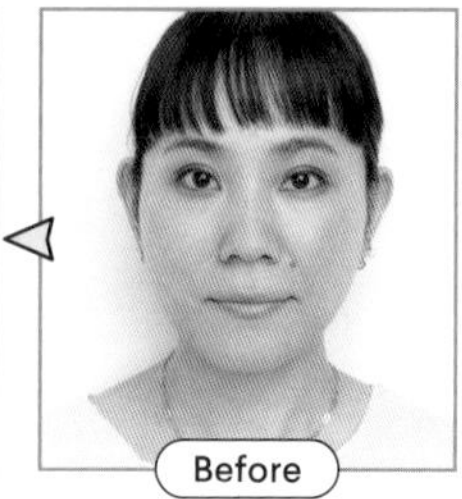

素の唇と一体化する
リップライナーを仕込んで
オーバーリップに。
ふっくら唇で
自然な華やかさ！

くみこさん(40代後半)

鼻筋コンシーラー＆
目頭「く」の字
ラインで、立体感や
メリハリのある
大人っぽい印象に
チェンジ！

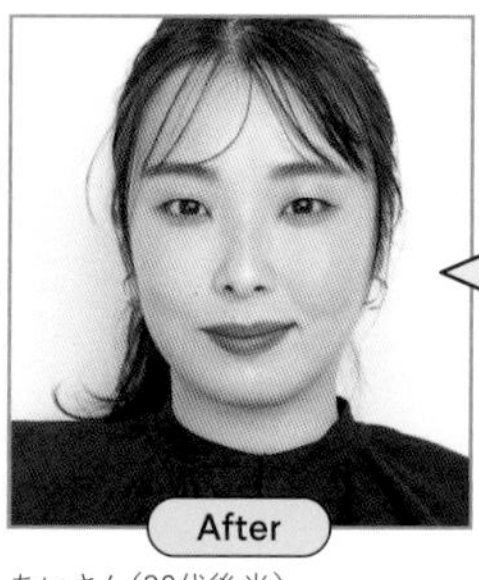

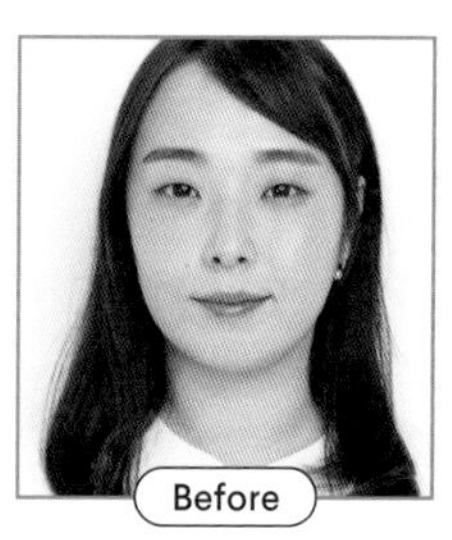

あいさん(30代後半)

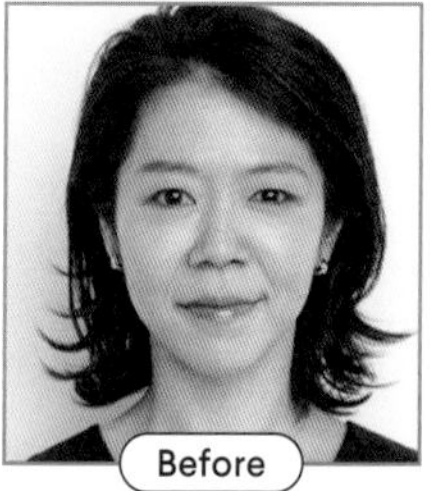

まつ毛を盛って
毛量と長さをアップ！
さりげなく目元が
際立って、素敵！

美希さん(30代後半)

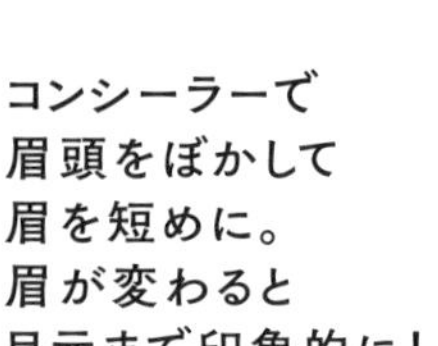

コンシーラーで
眉頭をぼかして
眉を短めに。
眉が変わると
目元まで印象的に！

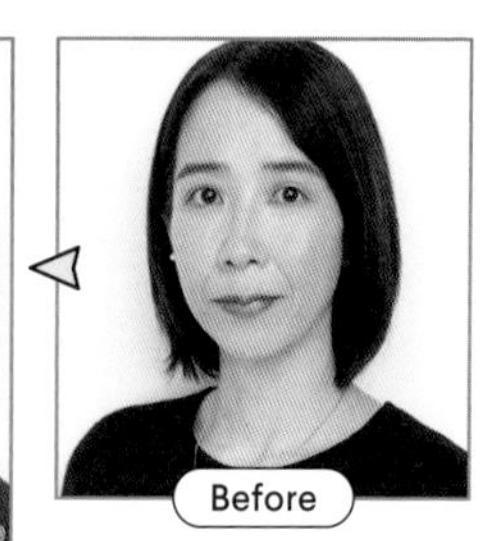

のんのんさん(40代後半)

Shop List

RMK Division	0120-98-8271
アディクション ビューティ	0120-58-6683
アナ スイ コスメティックス	0120-735-559
アルビオン	0120-11-4225
イヴ・サンローラン・ボーテ	0120-52-6333
イプサ	0120-523-543
イミュ	0120-37-1367
ヴァレンティノ ビューティ	0120-323-220
uka Tokyo head office	03-5843-0429
UZU BY FLOWFUSHI	0120-963-277
エレガンス コスメティックス	0120-76-6995
かならぼ	0120-91-3836
カネボウインターナショナルDiv.	0120-51-8520
カネボウ化粧品	0120-51-8520
コーセー(ヴィセ、スティーブンノル)	0120-526-311
コーセーコスメニエンス(ネイルホリック)	0120-76-3328
コーセープロビジョン	0120-018-755
コスメデコルテ	0120-763-325
シスレージャパン	03-5771-6217
資生堂 お客さま窓口	0120-81-4710
ジルスチュアート　ビューティ	0120-878-652
SINN PURETÉ（シンピュルテ）	0120-46-5952
SUQQU	0120-98-8761
SNIDEL BEAUTY	03-5774-5565
THREE	0120-89-8003
セザンヌ化粧品	0120-55-8515
セルヴォーク	03-5774-5565
トーン	03-5774-5565
トム フォード ビューティ	0570-00-3770
NARS JAPAN	0120-35-6686
パルファン・クリスチャン・ディオール	03-3239-0618
バローロ LIRIO	0120-187-017
ベアミネラル	0120-24-2273
ポール & ジョー ボーテ	0120-76-6996
メイベリン ニューヨーク お客様相談室	03-6911-8585
ランコムお客様相談室	0120-48-3666
リンメル	0120-87-8653
ロージーローザ	0120-25-3001
WONDER LINE（デイジーク）	03-3401-1888

本文中のコスメの情報は全て2024年4月3日現在のもの、価格は全て税込み表記です。

衣装協力

armoire caprice
AGU
AMERICAN HOLIC プレスルーム
uncrave(オンワード樫山)
アンティローザ
AMBIENT
イヴェット
イェッカ ヴェッカ 吉祥寺
ISETAN SALONE TOKYO(carat a)
エストネーション
エスペラック
Ètoilight
EMMA LIMBER
EL PRODUCTS
オット デザイン
オンワード樫山
カイタックインターナショナル
金万
クラフト スタンダード ブティック プレスルーム
クロスプラス
シップス インフォメーションセンター
ショールーム ロイト
ジョワイユ
スタニングルアー 新宿店
SoëL
チェリーブラウン
ドゥエドンネ
ニアー
N.O.R.C
ノーリーズソフィー大丸東京店
ノムグ
バウゴ ヘイアン
Pasand by ne Quittez pas
ヒガシヤマPR
フィルム
プライマル
FLYNK
プレインピープル青山
PORTION
MASANA
michi willway
ミュラー オブ ヨシオクボ
MAISON SPECIAL AOYAMA
MOGA
YAGA
yuha.
yoaa
yori
Life's DAIKANYAMA
ラ・モンターニュ
リキッド
リノウン
ルメランジュ
レスプラスデザイン
ROSE BUD

『mi-mollet』「長井かおりからのお知らせです そのメイクの常識、
ちょっと前に変わってます！」連載掲載当時のブランド名です。
現在はブランド名が変更または終了になっている可能性がございます。
予めご了承ください。

長井かおり

ヘア＆メイクアップアーティスト

MAKEUPBOX 主宰。化粧品メーカーのビューティーアドバイザーとしてキャリアをスタートさせ、2005年にヘア＆メイクアップアーティストに転身。わかりやすい理論と、簡単に手早く確実にキレイになれるテクニックで、web メディア『mi-mollet（ミモレ）』をはじめ、雑誌や広告など幅広く活躍。自身の Instagram でも数多くの情報を発信しており、YouTube チャンネル「長井かおり｜おしゃべりメイク BOX」は 2024 年 3 月現在で 11 万人の登録者数を誇る人気チャンネルとなっている。『テクニックさえ身につければ、「キレイ」はもっと引き出せる』『世界一わかりやすいメイクの教科書』（共に講談社）など、著書は累計 28 万部を超える。

@kaorimake

長井かおり｜
おしゃべりメイク BOX

staff

PHOTOGRAPHS
榊原裕一(人物)
河野望(静物)

STYLING
程野祐子

MODEL
麻宮彩希、安宅葉奈、今井りか、大塚まゆか、樹神、
阪井まどか、澤田泉美、鈴木美季、SOGYON、竹内友梨、田村るいこ、
千國めぐみ、樋場早紀、中山由香、前田ゆか、
牧野紗弥、松田珠希、ミノリ、武藤京子、怜花

ART DIRECTION & DESIGN
松浦周作(mashroom design)

ILLUSTRATION
きくちりえ(Softdesign)

EDIT & TEXT
村花杏子

SPECIAL THANKS
寺本衣里加
小澤桜、森田江里子(MAKEUPBOX/ヘアメイクアシスタント)

長井かおりからのお知らせです
そのメイクの常識、ちょっと前に変わってます!

2024年4月3日　第1刷発行

著者　長井 かおり

発行者　清田則子
発行所　株式会社 講談社
〒112-8001
東京都文京区音羽2-12-21
電話　編集 03-5395-3814
販売 03-5395-3606
業務 03-5395-3615

印刷所　大日本印刷株式会社
製本所　大口製本印刷株式会社

ISBN 978-4-06-535229-8

KODANSHA

※本書はWEBマガジン『mi-mollet(ミモレ)』に発表した原稿に加筆・修正し、撮り下ろしの写真と文章を加えたものです。